인생이 빛나는

생각의 마법

인생이 빛나는

생각의 마법

세라 나이트 지음 | 김현경 옮김

마리書舍

면책선언

이 책은 신경 쓰지 않는 법에 대한 책입니다. 실질적인 방법론을 제시하려고 많은 물건, 개념, 사건, 활동 그리고 주변 사람을 제 삶에서 추방했다는 사실을 고백합니다.

여러분은 저의 선택에 전적으로 동의하지는 않겠지만 이 책을 읽어 가며 자신의 모습을 발견하기도 할 것입니다. 어떤 경우에는 여러분의 생각이 맞을 수도 있지만 또한 망상일 수도 있습니다.

어떻든 간에 이 책의 내용이 여러분의 기분을 상하게 한다면 그런 분이야말로 이 책이 정말 필요한 사람일 것입니다. 즉시 39쪽으로 가서 '다른 사람의 생각은 신경 쓰지 말자.'라는 부분을 읽어 보시기 바랍니다.

{유의 사항}
이 패러디 글을 쓸 때 곤도 마리에나 그 저자의 책을 출간한
출판사에서 정식으로 승인이나 허가를 받은 적이 없음을 알립니다.

차례

3부
신경끄기

think

4부
신경 끄기의 마법이 인생을 바꾼다

에필로그

만일 여러분이 나와 같은 부류의 사람이라면 오랫동안 지나치게 여러 문제에 쓸데없는 신경을 쓰며 살았을 것이다. 인생에 과도하게 휘둘리며 부담을 느끼고, 해야 할 일들 때문에 스트레스와 근심에 시달려 심지어는 공포에 질렸을지도 모른다.

나는 서른 살 무렵에 지나치게 신경 쓰는 습관을 버려야 한다는 것을 깨달았지만, 실제로 그것을 실천하기 시작한 것은 마흔이 다 되어서였다. 이 책은 내가 이 문제에 대해 터득한 모든 것의 결정체이며, 더욱 건강하고 행복한 삶을 추구하면서 '신경 쓰기'라는 족쇄를 벗어 던지기를 소망하는 모든 이를 위한 단계별 안내서다.

혹시 이 책의 제목이 친근하게 들린다면, 딩동댕! 일본의 정리 전문가 곤도 마리에의 책 『인생이 빛나는 정리의 마법』이 세계적으로 베스트셀러 목록에 오를 때 세상과 담을 쌓고 살지 않았다는 뜻이다. 수백만 명이 그 책으로 '설레지 않는' 물건을 버리고 남은 물건을 정리하는 곤도 마리에의 2단계 기법을 알게 되었고, 깨끗하고 정돈된 생활공간을 만들 수 있게 되었다. 하지만 곤도 마리에는 이에 멈추지 않고 집이 아닌 다른 곳에서도 이러한 변화를 추구하자고 주장한다.

그렇다면 이 일본 정리 전문가의 책이 '신경 쓰지 않기 선언'과 무슨 관계가 있을까? 곤도 마리에가 어수선한 공간을 깔끔하고 효과적으로 정리하는 법을 말한 것처럼 나 역시 어수선한 생각과 관계를 깨끗하게 정리하는 법을 말하고자 한다. 『인생이 빛나는 생각의 마법』은 너무 많이 일하고, 너무 적게 놀고, 진정으로 사랑하는 사람들과의 관계나 일에 할애할 시간이 절대적으로 부족한, 바로 우리 모두를 위한 책이다.

'신경 쓰기'의 서랍을 정리하자

미국의 유명 출판사에서 일하던 나는 2015년 여름에 퇴사했다. 15년 경력을 뒤로하고 프리랜서 편집자 겸 작가로 내 일을 시작하기 위해서였다. 스트립댄서가 마지막 춤을 마치고 봉에서 내려오는 속도보다 더 빠르게 고층빌딩 밖으로 나오던 날, 나는 상사와 동료와의 관계를 정리하고, 자명종 시계 등 아침 일찍 출근할 때 필요했던 것들을 미련 없이 없애 버렸다.

영업회의 때문에 신경을 곤두세우는 일이 없어졌다. '비즈니스 캐주얼' 스타일의 옷을 입지도 않았고 회의를 준비할 필요도 없었다. 죄수가 감옥 벽에다 형기를 기록하고 한 달 한 달 지워 가듯이 근무한 날을 지워 가며 휴가 날짜를 목매고 기다리는 일도 없어졌다.
권태로운 회사생활의 멍에를 벗어 버리니 나만의 시간이 생기고 원하는 대로 자유롭게 시간을 쓸 수 있었다. 억지로 시간 맞춰 일어나는 것이 아니라 자고 싶을 때까지 실컷 자고 일어나고 싶을 때 일어나 남편과 점심을 먹고, 한두 가지 프리랜서 일을 했다. 아니면 해변으로

산책하러 나가기도 했다. 될 수 있는 한 뉴욕 지하철을 피해 다녔다. 그리고 『인생이 빛나는 정리의 마법』을 즐겨 읽었다. 원래 깔끔한 성격이어서 곤도 마리에의 조언이 굳이 필요하다고 생각하지는 않았지만 항상 우리 집을 여성지에 나오는 예쁜 화보처럼 만들고 싶다는 생각을 하고 있었기 때문이다.

이 작은 책은 생각했던 것보다 의외로 큰 효과가 있었다. 거의 마법과 같다고 할 정도였다.

몇 시간 안에 나는 곤도 마리에 식으로 남편의 양말 서랍을 정리했다. 신지 않는 양말을 버리고 나머지는 정렬된 꼬마 병정들처럼 일렬로 접어 놓아 서랍을 열면 모두 한눈에 볼 수 있게 해 놓았다. 양말이나 정리하며 시간을 보낸다고 혀를 차던 남편이 서랍을 열어 보더니 깜짝 놀라 입을 다물었다. 그러고는 마음을 바꾸었다. 바로 다음 날 본인이 직접 자기 물건이 들어 있는 서랍들과 옷장을 모두 정리했다. 서랍에 든 것이 모두 한눈에 보이게 되니, 입지 않는 옷가지를 버리는 것을 넘어 무엇을 입고 신을지 결정하는 시간이 줄었다. 또한 '접어서 세우기 방법'으로 정리해 놓으니 서랍에서 더 이상 찾지 못하는 물건이 없었고, 좋아하는 옷이 서랍장 구석 오래된 바지 아래에 구겨져 있는 바람에 입을 옷이 없다고 투덜댈 일도 줄었다. 빨래도 훨씬 줄었다. 양말을 한눈에 볼 수 있게 되자 삶 자체가 훨씬 나아졌다. 그래서 몇 주 동안 내 주위의 친구들에게 이 정리 방법을 전하며 돌아다녔다. 내 말에 관심 있어 하는 사람들뿐 아니라 시큰둥한 반응을 보이는 사람들에게까지도.

갑자기 직장을 그만두고 양말을 정리하는 등 집안일을 하다 보니 인생이 달라지는 느낌이 들었다. 전에 없이 깔끔해진 집 안을 둘러보니 확실히 마음이 더 평온해졌다. 깨끗한 바닥과 잘 정리된 찬장 덕에 기분도 좋아졌다.
하지만 진정한 기쁨은 아직 나를 찾아오지 않았다. 뒤죽박죽 섞여 있던 스물두 켤레의 양말은 정리가 되었지만, 아직도 의무적으로 해야 할 일, 신경 써야 할 문제가 너무 많이 남아 있었다. 진정한 기쁨은 불만족스러운 일을 하지 않는 데서 오는 자유와, 좋아하는 사람들과 함께하는 것, 일과 취미를 다시 내 삶 속으로 끌어들이는 데에 있었다. 그리고 깨달았다. 이건 양말의 문제가 아니라는 것.

환경을 혁명적으로 정리하여 생활에 기쁨과 여유를 주는 곤도 마리에의 방법은 나에게도 분명히 효과가 있었다. 하지만 그녀가 자신의 책에서 밝혔듯이 "진짜 인생은 집을 정리한 후에 시작된다."는 것을 기억할 필요가 있다.

나는 마법같이 집을 정리했다. 그런데 진짜 마법은 내가 신경 쓰기라는 주제에 집중하면서 일어났다.

정신적인 정리의 기술

나는 타고난 오지라퍼다. 성격상 신경을 많이 쓴다. 아마 많은 사람이 나와 같을 것이다.

자칭 완벽주의자이며 성취동기가 높은 나는 어린 시절과 청소년기 내내 온갖 일에 신경을 쓰며 지냈다. 가족과 친구들, 심지어는 그냥 아는 사람들에게서도 인정받고 칭찬받기 위해 수많은 프로젝트, 과제와 그 결과들과 씨름했다. 성격 좋은 사람처럼 보이기 위해 좋아하지 않는 사람들과도 친하게 지냈다. 다른 사람들에게 도움이 되는 사람으로 보이기 위해 내 수준에 맞지 않는 일까지도 버겁게 해냈으며, 품위 있어 보이려고 역겨운 음식도 참고 먹었다. 너무 많은 일에 지나치게 오래 그리고 예민하게 신경을 쓴 것이다.

그건 사는 게 아니었다.

필요 없는 일에 신경 쓰지 않는 사람을 처음 만난 것은 20대 초반이었다. 그의 이름은 제프였다. 성공적인 사업가이자 대가족과 많은 친구를 둔 제프는 간단히 말해 내키지 않는 일은 굳이 하지 않는 사람이었다. 그런데도 많은 사람이 그를 좋아하고 존경했다. 제프는 지인의 자녀가 무대에 오르는 재롱잔치에 참석하지 않았고, 친구가 하프 마라톤 결승점에 들어오는 장면을 지켜보는 일도 없었다. 하지만 사람들은 원래 그런 성격의 사람이라 그냥 그러려니 했다. 그는 자녀들과 사이좋게 지내고, 골프를 치고, 매일 밤 퀴즈 쇼를 보는 것 등 자신이 중요하다고 생각하는 것에만 신경을 썼다. 그리고 나머지 일에는?

전부. 신경. 껐다.

그러나 그는 항상 만족스러워 보였고 아주 행복해 보였다.

제프를 만나고 나면 늘 이런 생각을 했다.

'나도 좀 제프 같으면 얼마나 좋아.'

내가 20대 중반일 때 아래층에 아주 끔찍한 인간이 살았다. 하지만 나는 그가 나를 어떻게 생각할지 신경 쓰느라 말도 안 되는 그의 요구를 들어주곤 했다. 한번은 그가 친구 한 명을 데리고 와서 굽 높은 장화를 신기더니 아파트 주변을 쿵쿵거리며 걷게 했다. 그러고는 나를 자기 거실로 데리고 가더니 그 소리를 들어 보라고 했다. 내 귀에는 아무 소리도 안 들렸지만 나는 애써 '약간 시끄럽다.'고 했다.

정말 이상한 사람이었다. 그런데 나는 어째서 그 사람 마음에 드는 말을 했을까? 어째서 그의 요구에 응해 주었을까? 돌이켜보면 그가 처음에 자기 방 바로 위의 내 룸메이트 침실에서 '운동을 심하게 한다.'며 비난할 때 신경을 껐어야 했다. 그때 룸메이트는 2주간 유럽 여행 중이었으니까. 그런데도 왜 나는 그런 인간에게 좋은 사람이라는 인상을 주고 싶어 한 걸까?

세월이 흘러 나는 서른이 되었고 짝을 만나 약혼을 하고 결혼식을 준비하게 되었다. 예산, 장소, 출장 요리, 드레스, 사진, 꽃, 밴드, 손님 목록, 청첩장(문구와 디자인), 서약서, 케이크 등 신경 쓸 것도 많고 일은 끝없이 이어졌다. 하나하나 정성을 다했지만 마음에 들지 않는 것도 있었다. 사실 그건 당연한 일이었다. 하지만 나는 그것이 스트레스가 되어 모든 게 점점 불만족스럽게 느껴졌고 행복하지도 않았다. 결혼식 날이 다가오자 편두통과 위통이 심해졌고, 심지어

드레스의 꽃무늬같이 생긴 두드러기가 나기도 했다.

피로연에서 '브라운 아이드 걸스'의 노래를 틀 것인가 다른 노래를 틀 것인가를 두고 남편하고 말다툼까지 할 정도로 시간을 쓸 필요가 있었을까? 전채요리를 고르는 데 그렇게까지 세심한 주의를 기울일 필요가 있었을까? 사진 촬영하는 동안 모두 지나가 버려서 정작 나는 먹지도 못했다.

그럴 필요가 없었다.

하지만 아주 조금 달라진 부분도 있었다. 예산과 관계된 것이니 손님 명단에 신경을 써야 하는 건 당연한 일이다. 하지만 내가 신경을 쓰지 않은, 아니 덜 쓴 부분이 있었는데, 바로 좌석 배치였다.

결혼식 손님들은 거의 어른들이기 때문에 스스로 알아서 자리를 잡고 앉아 먹고 마시고 할 테니 크게 신경 쓸 게 없었다. 덕분에 나는 예식장 공간 도면을 들여다보며 이모, 고모, 삼촌들과 딸린 식구들을 주판알처럼 이리저리 움직이느라 몇 시간, 어쩌면 10시간 이상을 보내지 않을 수 있었다.

대대적으로 결혼식을 치른 후 나는 한계에 다다라 완전히 뻗어 버렸다. 그런데 나는 접어 둔 좌석표에서 한 줄기 희망을 보았다. 좌석표가 중요하다는 걸 알고 있었지만 신경 쓰지 않았다. 의무감을 우선하기보다는 일단 신경 끄고 사람들이 앉고 싶은 곳에 앉게 한 것이다. 그래서 불평을 한 사람이 있었을까? 그렇지 않다.

그 후 몇 년에 걸쳐 나는 귀찮고 사소한 일들에 신경 쓰는 습관을 조금씩 버리게 되었다. 직장 회식 자리를 두어 번 거절하고, 정말 짜증나는 사람 몇몇을 페이스북 친구 명단에서 삭제했다. 또다시 그들의 장난스러운 글을 읽고 기분 상하는 일을 되풀이하고 싶지 않았다.

그랬더니 점점 기분이 좋아지기 시작했다. 부담감은 줄고 마음이 더 편해졌다. 텔레마케터의 전화는 말없이 끊어 버리고, 아기를 동반한 주말여행도 거절했다. 솔직한 내 모습이 되어 가고 있었다. 나에게 진정한 기쁨을 주는 사람들과 일에 집중할 수 있게 되었다.

나는 인생을 빛나게 하는 마법이 내 안에 있음을 깨달았다.

자신에게 기쁨을 주는 일인가? 그렇다면 무슨 일이 있더라도 계속 신경을 쓰면 된다.

하지만 귀찮은 일인가? 하고 싶지 않은 일인데 억지로 하려고 하는가? 그렇다면 가능하면 빨리 신경을 꺼야 한다.

나는 신경 쓰지 않음으로써 '정신적인' 공간을 정리하고 재조직하는 체계를 생각해 냈다. 여기서 '신경 끄기'란 행복감을 주지 않거나 개선되지 않는 귀찮은 일, 그리고 그리 중요하지 않은 일에 시간과 에너지, 돈을 쓰지 않는 걸 의미한다. 하찮은 일에 신경을 끄면 기쁨을 주는 일에 전념할 시간과 에너지, 돈을 더 많이 확보하게 된다. 나는 이것을 미련 없이 제끼기NotSorry Method라 부르겠다. 이 방법은 2단계로 이루어진다.

1. 신경 쓰지 않을 항목 정하기
2. 그 일에 신경 끄기

물론 미련 없다는 건 이 일을 성취한 다음에 느끼게 될 감정이다. 핵심을 보면 제끼기 방법은 매우 간단하다. 이 책은 그 방법을 익혀서 자신의 일상을 급진적으로 개선할 수 있도록 도울 것이다. 실제로 이 방법을 시행하기 시작하면 신경 꺼도 그만인 일에 다시는 신경 쓰고 싶지 않게 되거나 아예 신경을 끄게 될 것이다.

신경 끄기의 마법

이 책은 다음과 같은 내용을 담고 있다.

- 남들이 어떻게 생각할지를 신경 쓰는 것이 가장 큰 적인 이유, 그리고 그것을 중단하는 법
- 귀찮은 일과 기쁜 일을 쉽게 구분하도록 신경 끄기 목록을 종류별로 나누는 법
- 신경 써야 할지 말지를 간단하게 구분하는 기준_이 일이 나 말고 다른 사람에게 영향을 주는가?
- 사소한 일에 신경 끄는 비결
- 신경 쓰기 예산을 세우고 지키는 일의 중요성
- 신경 쓸 일을 줄이고, 줄어든 만큼 좀 더 제대로 신경 쓰는 기술을 익히면 인생이 얼마나 달라지는가 하는 것
- 그리고 훨씬, 훨씬 더 많은 것들!

신경 쓰지 않아도 될 일에 눈감고, 진정으로 마음 내키는 일만 해서

그 일에 집중할 시간과 에너지, 돈을 더 갖게 된다면 삶이 얼마나 더 풍요로워질지 생각해 보자.

예를 들어 마트에 갈 때, 집을 나서기 전 화장하고 옷 갈아입는 일에 대해 신경을 끄자. 그러면 소파에 앉아 마트에서 방금 사 온 음료를 마시며 책을 읽을 수 있는 시간이 10분은 더 생길 것이다.

혹은 출산 축하 모임에 참석하는 게 싫다면? 거기에도 신경을 끄자. 일요일 오후의 자유를 누릴 것이다. 그럼 모임에 가지 않아 생기게 된 시간에 무엇을 할까? 우선 테킬라 더블샷을 잔에 담아 들고, 인터넷 쇼핑몰을 몇 번 클릭하여 엄마와 아기를 위해 신상 유축기를 주문하자. 그런 다음 연애 시절 부부가 함께한 추억을 되새기며 축배를 들자. 온라인에서 10분을 보내는 것과 4시간 동안 무알코올 음료를 마시며 기저귀 장식 게임을 하는 것을 비교해 보라. 물론 어떤 사람에게는 출산 축하 모임이 주말마다 친구와 함께 값싸고 좋은 물건을 찾아 알뜰 시장을 둘러보는 것만큼이나 가치 있는 활동일지 모르지만 나에게는 그렇지 않다. 그래서 나만의 신경 끄기 목록에 넣은 것이다.

구체적인 사항은 중요하지 않다. 중요한 것은 나의 '제끼기 방법'을 따르면 마음이 날아갈 듯 편해지고, 일정이 말끔히 정리되고, 시간과 에너지를 좋아하는 일과 사람들에게만 쓰게 된다는 사실이다.

단언컨대, 인생이 달라진다.

1부

신경 쓰기와
신경 끄기에
대하여

스스로에게 다음과 같은 질문을 해 보자.
'스트레스가 쌓여 있고, 날마다 너무 바쁘고, 삶에 감동이 없는가?'
이중 하나라도 그렇다는 대답이 나오면 다음 질문을 해 보자.

'그 이유는?'
나는 그 대답이 지나치게 많은 일에 신경을 쓰기 때문일 것이라고 장담한다.
혹은 신경을 '써야 한다'고 생각하기 때문이다.
이 책에서 '신경 쓰다'라는 말은 다음 두 가지 의미로 쓰인 것이다.

무언가에 마음을 쓰는 것
이 의미는 1단계 〈신경 쓰지 않을 항목 정하기〉와 관련이 있다.
어떤 사람이나 일에 시간, 에너지, 혹은 돈을 쓰는 것이
의미는 2단계 〈그런 일에 신경 끄기〉와 관련이 있다.

두 가지 의미에서 삶을 더 풍요롭고 행복하게 바꿀 수 있는
유일한 방법은 '지나치게 쓰지 않는 것'이다.
나의 제끼기 방법은 의미 없는 사람들과 의미 없는 일에 들이는 시간,
에너지, 돈을 최소화한다. 인정할 건 인정하자.
머릿속에 '그것들'이 떠오르지 않는가?

이렇게 살지 않아도 된다. 자, 이제 시작해 보자.

☑ 왜 신경 써야 할까?

이것은 삶의 본질적인 질문 가운데 하나다. 아니면 적어도 그런 질문이 되어야 한다.

우리의 시간, 에너지, 혹은 돈을 요구하는 사람들과 일들에 맹목적으로 '네, 네, 네!'로 답하기 전에 먼저 스스로에게 물어야 할 것은 '이게 정말 내가 신경 써야 하는 일인가?' 하는 것이다.

인식 못 할 수도 있지만 개인적으로 신경 써야 할 항목은 유한하고 소중한 자원과 같다. 신경은 너무 많이 쓰면 고갈된다. 마치 통장의 잔고가 0이 되는 것과 같다. 그 결과는 근심과 스트레스, 절박감이다. 그건 좋지 않은 일이다.

나중에 우리는 신경 쓰기 예산을 짤 것이다. 그러면 신경 써야 할 대상의 중요도를 가늠하여 우선순위를 정해 집중하고, 불필요한 곳에는 신경 쓰지 않게 될 것이다.

하지만 신경 쓰기를 중단하기 전, 신경을 써야만 하는 경우를 생각해 보자.

만일 사람이든, 무생물이든, 개념이든 그것이 짜증스럽지 않고 기쁨을 준다면 신경을 써야 한다. 때때로 그런 결정은 생각보다 쉽고 분명하다. 하지만 우리는 툭하면 '신경 꺼야지.' 하면서도 거기서 헤어 나오지 못하는 경우가 많다. 그래서 '제끼기 방법'이 필요하다.

대다수 사람은 생각 없이 물심양면으로 신경을 쓴다. 굳이 하지 않아도 되는 일인데도 하지 않으면 왠지 죄책감을 느끼기도 한다. 그래서 체면치레로 끌려가듯이 하는 경우가 대부분이다. 하지만 그런 일들은 짜증스러울 뿐 아니라 기쁨을 빼앗아 간다.

말이 되지 않는 일이다. 달리 말하면 최선을 다해 최선의 삶에서 멀어지는 행동이다.

좋다. 그러면 이런 질문을 해 보는 건 어떨까. 의무감이나 죄책감, 짜증을 느끼는 대신 진심으로 베풀면서 기쁨을 느끼고 싶지 않은가? 커다란 자루에 장난감 대신 '신경 쓸 여유'를 가지고 다니다가 선물 받을 자격이 있는 아이들에게 조금씩 나눠 주는 산타클로스처럼.

우리는 누구나 신경 쓰기 부문의 산타클로스가 될 수 있다.

남의 비위를 맞추려고 부탁받는 즉시 벌떡 일어나 움직일 게 아니라 당면한 문제에 대해 그것이 신경 쓰기 예산의 한 항목으로 넣을 만한 일인지를 생각해 보고, 거기에 시간이나 에너지, 혹은 돈을 쓸 가치가 있는지를 따져 보아야 한다.

이렇게 해야 다른 일, 과제와 사건, 아이디어와 추구하는 대상에 우리의 마음과 자산을 배당할 수 있다. 짜증은 최소한으로 줄이고 기쁨을 누릴 기회를 최대한 확보하자.

생각해 보면 인생은 하느냐 마느냐 하는 선택의 연속이다. 신경을 쓰거나 쓰지 않는 일의 연속이기도 하다. 계속 신경을 쓰면서 살 수는 없다. 여태까지 했던 대로 계속해서 행동한다면 하루가 쌓여 한 주나 한 달이 지날 때마다 개인적인 '신경 쓰기 통'은 바닥나고 지쳐 버릴 것이다. 그리고 결국에는 신경을 쓴다고 쓴 것이 모두 다른 사람들을 위한 것이지 자신을 위한 건 하나도 없었다는 사실을 깨달을 것이다.

제끼기 방법은 그 모든 것을 변화시킨다.

이제 상황을 역전시키고 저주를 풀 시간이 왔다. 자신의 행복과 기쁨을 갉아먹으며 남들만을 배려했던 신경 쓰기를 이제 그만두자.

☑ 신경 끄기: 기본기

˙⁺˵ 신경 끄기는 먼저 자신을 보살핀다는 뜻이다.

다른 사람을 도와주기 전에 먼저 산소마스크를 쓰는 것과 같다.

˙⁺˵ 신경 끄기는 거절하는 일이다.

하고 싶지 않아요. 시간이 없어요. 그럴 여유가 없어요. 당당히 이야기
하자.

˙⁺˵ 신경을 끈다는 것은 거절하기와 연관된 근심, 걱정,
　　두려움, 죄책감에서 벗어나는 것이다.

없는 시간을 쪼개서 좋아하지도 않는 사람들과 원치 않는 일을 하지
않는 것이다. 그런 일을 하지 않는다고 미안해할 필요도 없고 걱정할
필요도 없다.

˙⁺˵ 신경 끄기란 정신적인 어수선함을 줄이는 것이다.

짜증나는 일과 사람을 삶에서 배제하고 정말로 마음 가는 일에 집중

하고 진정으로 즐길 여유를 만든다는 뜻이다.

이런 말이 이기적으로 들릴 수도 있다. 실제로 이기적이기도 하다. 하지만 이런 태도는 동시에 주변의 모두에게 더 나은 환경을 만들어 주기도 한다.

신경을 꺼 버리면 해야 하는 일들을 걱정하지 않아도 되고, 하고 싶은 일에 초점을 둘 것이다. 그러면 결과적으로 근심이 사라지고 마음이 편해져서 주변 사람들에게 좋은 에너지를 전할 것이다. 그것은 그 사람들에게도 좋은 일이다. 휴식을 더 많이 취하게 되고, 친구들과 있을 때도 더 재미있는 사람이 된다. 가족들과 더 많은 시간을 보낼 수도 있다. 혹은 반대로 함께하는 시간은 줄어들지만 그 시간을 더욱 소중하게 보낼 수도 있다.

무엇보다 풍요롭고 행복한 삶을 사는 데에 전념할 시간과 에너지, 돈을 더 많이 갖게 된다. 인생이 빛나는 생각의 마법을 받아들이고 실천하면 그런 삶을 살 수 있다.

그렇게 되고 싶지 않으신지?

☑ 신경을 쓰지 않는 사람들은 어떤 사람들일까?

신경을 쓰지 않는 사람들은 크게 세 부류로 나눌 수 있다.

어린이

어린이는 이 방면에서 완전 일인자다. 금메달감이라고나 할까? 아이들은 자기가 좋아하는 일 이외에는 신경 쓸 필요가 없다. 일반적으로 아이들의 기본적인 필요는 어른들이 채워 주고, 그렇지 않더라도 그 차이를 거의 알아차리지 못한다. 생각해 보자. 만일 누군가가 매일같이 빨래를 해 주고 청소를 해 주면 무릎에 고구마가 뭉개져 묻거나 바닥에 무엇을 떨어뜨린들 신경이나 쓸까? 때만 쓰면 새 장난감이 나오는데 인형을 잃어버리든 변기에 빠뜨리든 망가지든 신경을 쓸까? 말만 하면 물을 갖다 주는데 컵을 어디 두었는지, 물이 얼마나 남았는지 신경을 쓸까? 그러지 않을 것이다. 아니, 그럴 필요가 없다. 손가락 근육이 완전히 발달하지 않은 아이가 신발 끈 묶는 일에 관심이 있을까? 매듭 모양에 신경이나 쓸까? 천만에.

아이들이 신경 쓰지 않는 이유는 인생 경험이 없기 때문이기도 하다.

아이들의 마음은 세상의 허튼소리가 아직 쌓이지 않아 깨끗이 정돈되어 있다. 정신적으로 복잡할 것이 없다.

운 좋은 친구들이다.

하지만 인생이 그렇게 만만치는 않아서 누구나 언제까지 어린이로 살수는 없다. 어떤 순간이 오면 모두가 현실을 받아들이고, 어린이용 신발을 벗게 된다. 성인용 구두를 신은 우리가 할 수 있는 일은 마법의 상태로 돌아가는 길을 찾는 것뿐이다. 다른 일에 신경을 쓰지 않고 집중하고 싶은 일에 집중하는, 어린이의 열정이 담겨 있는 마법의 상태!

무(無)매너 막가파

그다음은 무(無)매너 막가파들이다. 막가파들은 다른 사람들을 괴롭히고 화나게 하면서 원하는 것을 얻어 낸다. 그렇기에 무신경한 편이다. 이 사람들은 대체로 존경받지 못하고 호감도 얻지 못한다. 오히려 기피 대상이다.

남들의 호감을 중요하게 생각한다면 '막가파'는 되지 말아야 한다. 물론 막가파가 되면 저녁 시간이 여유로울 것이다. 정말 원하는 모임에만 참석하고 정말 보고 싶은 사람만 만나서가 아니라, 전혀 초대를 못 받을 테니까.

막가파들이 신경 쓰지 않는 것들

타인의 사적인 공간
신호 위반
바보 취급받는 것
사람을 기다리게 하는 것
조용한 열차 안에서 떠들기
쓰레기 아무 데나 버리기
닫힌 공간에서 악취 풍기기
에스컬레이터 막아서기
반려동물 배설물 처리 안 하기

내가 말하고자 하는 것은 이런 것이 아니다. 우리의 목표는 괜찮은 사람으로 보이면서도 원하는 모든 것을 얻는 방법을 체득하는 것이지, 원치 않는 것을 벗어 던지기만 하는 것이 아니다. 그래서 이런 이야기를 하게 된 것이다.

현명한 사람

바로 이거다. 무(無)매너 막가파가 아니라 예의 있게 행동하는 현명한 사람이 되어야 한다. 아이의 상태로 돌아가되, 아이들은 지나치게 순진하거나 단순하다는 것을 잊으면 안 된다.

사실 나는 아직도 신경 쓰는 일이 많다. 약속 시간 지키기, 하루 여덟 시간 잠자기, 훌륭한 솜씨로 피자 만들기 등등. 그리고 그 목록의 맨 꼭대기에 있는 것이 예의 있게 행동하기다. 내가 원하는 것을 분명히 하되, 남들에게는 예의 바르고 싶다.

예를 들어 어떤 사람이 친구의 호숫가 집에서 주말을 보낸 다음에 고맙다는 편지를 보냈다고 가정하자. 그런데 훗날 그 사람이 르네상스 축제(중세 분위기를 테마로 한 축제)에 가자는 것을 거절한다 해서 그를 나쁘게 생각하지는 않을 것이다. 즉, 자신이 원하는 것을 기준으로 현명하게 선택하자는 뜻이다. 간단히 말해 호숫가 집은 좋지만, 르네상스 축제는 싫다는 것이다. 원하는 것은 충실하게 행하고 그에 대한 고마움을 표시하되, 원하지 않는 일이라면 굳이 함께하지 않는 것. 하지만 예의를 갖추어 거절하는 것이 서로에게 좋은 일이다.

☑ 나도 그렇게 될 수 있을까?

이제부터 신경 쓰는 일의 목록을 만들어 어떤 일에 신경을 쓸 필요가 있는지 파악하고, 만일 필요 없는 일이라면 어떻게 하는 게 현명할지 단계적으로 하나씩 알아보자.

신경 끄기 생활을 하게 되기까지 나의 여정도 순탄치는 않았다. 처음에는 닥치는 대로 친구와 가족들에게 강도 높은 '제끼기 방법'을 시도했다. 예를 들어 초대받기도 전에 유대교의 '할례 의식' 참석을 거절했다. 종교 예식은 정말 싫었기 때문에 친구의 기분 따위는 알 바 아니었다. 한 친구는 내가 "있지, 나는 할례 의식 같은 덴 안 가."라는 이메일을 보냈을 때 첫아들을 출산하며 산고를 겪는 중이었다. 아이고. 내가 왜 그랬는지, 지금도 내가 한 행동이 정말 후회스럽다.

'제끼기 방법'의 중심에는 '막가파 되지 않기'가 있다. 나는 친구를 잃고 싶지 않았고 그들과 친하게 지내고 싶었다. 단지 짜증은 덜 나면서 즐거움은 배가 되도록 시간을 효과적으로 관리하고 싶었을 뿐이다.

이후, 나는 접근법을 달리했다.

내 감정에 솔직하면서도 예의를 갖추어 상황에 따라 적절하게 신경 쓸 일과 쓰지 않을 일을 구분하여 행동했다. 그러면 상황이 상황을 만들어 주면서 신경 쓸 일이 저절로 줄어든다.

하지만 '제끼기 방법'을 시행하는 기본적인 전 단계, 즉 솔직함과 예의를 갖추는 1단계에 앞서 해야 할 일은 상대가 어떻게 생각할지에 대해 신경을 끄는 것이다.

환상의 콤비, 솔직함과 예의

신경 끄는 과정에서 최고의 '미련 없는' 상태에 도달하려면 솔직함 하나만으로는 부족하다. 거기에는 예의도 필요하다. 무조건 솔직해지려고만 하다가는 상대에게 아주 무례한 행동이 될 수도 있어 사과해야 할 일이 생길 것이다.

혹은 예의만 지키려고 하다가는 몹쓸 거짓말쟁이가 될 수도 있고, 하기 싫은 일을 억지로 해야 하는 경우가 생길 수도 있다. 예의를 지키느라 사소한 거짓말을 할 수도 있지만 그러다가 들키면 민망스러울 것이고, 그러면 '미련 없이 제끼기' 방법의 취지가 무색해진다. 핵심은 마술사와 조수, 듀엣 가수, 혹은 배트맨과 로빈처럼 솔직함과 예의를 완벽하게 조화시키는 것이다. 이 두 가지가 함께한다면 마법이 일어나 적절한 말과 행동을 찾을 수 있게 되고, 좋은 결과를 얻을 것이다. 때로는 둘 중 어느 한쪽에 좀 더 무게가 실리는 경우도 있겠지만 이 두 가지는 항상 서로 보완하여 도움이 될 것이다.

☑ 다른 사람의 생각은 신경 쓰지 말자

'제끼기 방법'이 인생이 빛나는 마법의 문을 열어 준다고 하면, 상대방이 어떻게 생각할지에 대해 신경 쓰지 않는 것이 그 문으로 향하는 첫걸음이다. 그렇지 않으면 깨달음의 성을 둘러싼 연못에서 고개를 내민 배고픈 악어들의 공격을 막기 위해 진땀을 흘릴 것이다.

상대방의 생각에 신경 끄는 것은 1단계_신경 쓰지 않을 항목 정하기로 나아가는 길을 닦아 준다. 그러면 2단계_신경 끄기를 향해 나아갈 때 긍정적이고 생산적인 방향으로 결정을 내릴 수 있다. 그리고 상대방의 심기를 불편하게 하거나 화를 돋우지 않고도 복잡한 일에서 벗어날 수 있다.

우선 가장 중요한 사항부터 짚어 보자.

신경을 끄려고 할 때 느껴지는 부끄러움과 죄책감은 무엇인가? 그런 감정은 대개 신경 끄는 것이 '잘못'이기 때문이 아니라 상대방이 나의 결정을 어떻게 생각할지 '걱정'해서 생긴다.

여기서 중요한 것은? 우리는 다른 사람의 생각에 대해 통제권이 없다. 그것은 그 사람의 몫이다.

자신이 무슨 생각을 하는지 파악하는 것만으로도 아주 힘들다! 그런데 다른 사람이 어떻게 생각하는지까지 통제하려고 신경을 쓴다? 그런 일은 낭비이며 무의미하다. 낭떠러지로 가는 길이다.

신경을 쓰느냐 마느냐가 상대방에게 어떤 영향을 주는지는, 타인의 '의견'이 아니라 '감정'을 생각하여 자신의 행동을 결정하면 된다. 이것은 '상대방이 어떻게 생각하는지'와 관련된 두 가지 다른 요소다. 하지만 이 두 가지는 잠시 뒤로 미루고, 지금은 할 수 있는 일과 할 수 없는 일에 대해 신경 쓰는 문제에만 집중하자.

직장을 그만두고 프리랜서가 될까 말까를 고민할 때, 나는 사소한 모든 것이 걱정되었다. 내 경력을 버리는 일이고, 무엇보다 은행 계좌에 폭탄이 떨어질 게 뻔했기 때문이다. 그뿐만 아니라 친구며 가족, 상사, 동료 등의 다른 사람들이 내 결정을 어떻게 생각할까 하는 것도 심하게 걱정되었다. '게으른가? 변덕스러운가? 갑자기 일을 안 해도 될 만큼 부자가 되었나? 자기가 나가고 나면 남은 우리의 일이 많아질 건 신경 쓰지 않는 걸까?'

이제 나는 제끼기 방법을 노련하게 쓸 수 있어 이런 감정들을 밝힐 수 있다.

1. 나는 일하는 것이 좋다. 하지만 '바로 그 특정한 일'은 더는 하고 싶지 않았다. 만일 누군가 나를 게으르다고 생각한다면 그건 그 사람의 생각이지 나하고는 무관한 일이다.

2. 나는 엄청나게 고민하고 고민한 끝에 계획을 세우고 결정을 내렸다. 그렇다. 이건 그 누구의 일도 아닌 내 일이다.
3. 그리고 난 복권에 당첨되지 않았다. 솔직히 당첨되었더라도 무슨 상관인가.

돌이켜보면 내가 고민한 것들은 상대적으로 사소한 일들이었다. 내가 직장을 그만두면 일시적으로 다른 사람의 일상이 삐걱거릴 수도 있다. 그 때문에 사람들이 화가 나서 나를 욕할 수도 있다.

그런데 그런 식으로 본다면 내 문제가 아닌 것들을 사서 걱정하는 셈이다. 그것도 그들의 잠깐의 일을 걱정하느라 내 문제를, 그것도 나의 평생을 좌우할 수도 있는 일을 결정하지 못하는 꼴이다.

회사에서 나를 대신할 사람을 구하는 데 시간이 얼마나 걸릴까 하는 등의 문제는 내가 통제할 수 없다. 나는 그런 것들에 신경을 끄고, 통제할 수 있는 것들에만 신경을 쓰기로 했다. 예를 들어 곤하게 잠든 남편과 한적한 공원이 내려다보이는 전망을 두고 아침 7시에 홀로 집에서 나와 더는 하고 싶지 않은 일을 하기 위해 45분 걸려 출근하는 것을 그만두는 일 같은 것.

그리고 '다음번 프리랜서 일은 어디서 올까?'와 '내 블로그 자주 업데이트하기' 같은 일에 신경을 쓰기 시작했다. 프리랜서가 된 덕분에 잠을 충분히 잘 수 있었기 때문에 이런 정도의 신경 쓰기는 기쁘기까지 했다. 게다가 남편과도 더 많은 시간을 보내게 되었다. 이제 침대에서 책상까지 약 9m만 걸으면 출근이니까.

일단 내가 신경 쓰기로 한 일을 '다른 사람이 어떻게 생각할까?'에 대해 신경을 끄니 모든 것이 선명해졌다. 내가 신경 쓰는 일과 남들이 어떻게 생각할지를 신경 쓰는 일 사이에는 분명한 차이가 있었다.

☑ 감정 대 의견

자꾸만 이런 생각이 들 수도 있다. '다른 사람이 어떻게 생각하는지 걱정하지 않을 수가 없어. 난 타고난 걱정꾼인걸. 유전자에 새겨져 있다고!'

하지만 생각해 보자. 유전자는 지금까지 우리의 삶을 이끌었다. 그러므로 최선의 삶을 살기 위해서는 유전자 시스템을 해킹해야 한다.

남들이 어떻게 생각하는지에 대해 신경을 많이 쓰는 사람이라면 거기에는 두 가지 이유가 있다. 나쁜 사람이 되고 싶지 않거나 나쁜 사람처럼 보이고 싶지 않기 때문이다.

물론 감정과 관련해서는 다른 사람을 계속 신경 써야 한다. 막가파가 되지는 말자. 우리는 누구나 언제 어떤 행동이 남들의 감정을 상하게 하는지 잘 알고 있다.

내가 하려는 말의 요지는 '의견'에 관해서라면 남들이 무슨 생각을 하든지 신경 쓸 필요가 없다는 것이다. 그리고 의견의 언어로 사람들에게 말하는 법을 배운다면 매우 효과적일 것이다. 정직하고 예의 바르게 상대방을 무장해제 시키는 것이다. 다른 사람의 생각에 신경을 끄는 대신 감정에는 신경을 써서 막가파가 되거나 안하무인처럼 보이지 않게 하자는 것이다.

아직 잘 모르겠다고?

좋다. 그럼 이런 식으로 생각해 보자. 인간으로서 우리는 예의 바르게 남들의 의견에 동의하지 않을 정당한 권리가 있다. 이건 소극적인 입장이다. 누구에게 상처를 주지도 않고 전적으로 방어적인 태도다.

천연 땅콩버터를 좋아하는가? 나는 싫어한다. 기름지고 역겹다고 생각한다. 그런데 홈메이드 천연 땅콩버터를 파는 친구가 계속해서 '땅콩버터 모임'에 오라고 초대한다고 치자. 끈적이는 갈색 물체가 든 작은 병이 부엌에 잔뜩 쌓여 있고, 무엇보다도 친구의 장황한 이야기를 멈추려면 물건을 사야 할 것 같은 압박감을 느낄 것이다.

여기가 바로 상황이 달라지는 순간이다. 내가 천연 땅콩버터를 싫어하는데 굳이 무슨 이유로 어렵게 번 돈을 거기에 써야 하는가?

이런 말을 하는 나를 상상해 본다.

"엿 같네. 야 너, 그 똥 같은 물건 가지고 꺼져."

이러면 친구의 기분은 완전히 상할 것이다. 더는 나를 보려고도 하지 않을 것이다.

그렇다고 친구의 기분을 좋게 해 주려고 병든 코끼리가 씹다가 뱉어 놓은 것 같은 250그램짜리 물체를 2만 5천 원이나 주고 사야 할까?

아니, 아니, 그건 아니다.

그 대신 내가 천연 땅콩버터를 먹고 싶어 할 거라는 친구의 의견에 '동의하지 않는다.'고 정직하고 예의 바르게 말해야 한다. 친구의 기분이 상하지 않도록.

그래서 오늘 밤에 한 병도 사지 않을 것이고 앞으로도 사지 않을 거라는 것을 암시해야 한다.

무슨 말인지 알겠는가? 나는 땅콩버터가 싫지만 친구의 기분에는 신경을 써야 한다. 그러나 땅콩버터에 대한 내 취향에 대한 친구의 의견에는 신경을 쓸 필요가 없다. 샌드위치에 마가린을 발라 먹는다는 이유로 내 동맥이 트랜스지방산으로 막힐 것이라고 확신한다고 해도 전혀 상관없다. 어차피 내 동맥이다. 땅콩버터를 살까 말까 하면서 인간관계까지 걱정하며 신경 쓰는 건 무의미한 일이다. 그것은 단지 땅콩버터에 대한 의견 차이일 뿐이다. 내게 필요하지 않다면 친구의 기분이 상하지 않게 거절하면 된다.

또한, 감정이 배제된 의견만을 단순하게 전달할 때는 상대방의 기분이 상할지도 모른다는 걱정을 하지 말아야 한다.

제끼기 방법은 지극히 단순하고, 감정이 배제된 의견을 다룬다.

그렇지만 무슨 일이든 해내는 방법은 가지가지! 만일 의견의 차이가 핵심적인 가치관의 차이를 반영한다면, 그 부분은 조금 덜 정직하게, 더 많이 예의를 갖추는 게 나을 수도 있다. 유기농 견과류 스프레드가 건강에 좋다는 걸 믿지 않는다고 말하는 것과 여성의 선택권에 관해 이야기하거나 뉴잉글랜드 패트리어츠 미식축구팀이 형편없는 속임수를 쓴다고 말하는 것은 조금 다르다.

괜히 불필요한 언쟁을 할 필요가 없다. 정말로 해야 할 일은 감정을 배제하고 의견을 말하는 것이다. 그 선에서 멈추고 당면한 문제에 신경을 쓰자.

아이를 둔 부모를 예로 들어 보자. 아이를 키우는 방식에 대해 이러쿵저러쿵 자신의 의견을 내놓고 그 의견을 강요하는 사람이 있다고 치자. 그 사람이 아이를 키우는 방식에 대해 나도 할 말이 있고 의견이 있겠지만, 그런 잔소리는 하지 않을 것이다. 그것이 그 사람과 나의 차이다.

어쨌든 부모 노릇은 어려운 일이고 정답이란 있을 수 없다. 그런데 원치 않는 충고를 끊임없이 들어야 한다면 아마도 편안한 수용과 끓어오르는 분노 사이에서 균형을 잡는 데 많은 에너지가 필요할 것이다. 이런 문제는 대개 가치관과 밀접한 관련이 있어서 감정과도 분리할 수 없는 일이다.

어느 날, 동네 놀이터에서 아이가 노는 것을 지켜보며 앉아 있는데 그 사람이 아이가 부모 침대에서 함께 자는 문제에 관해 이야기하기 시작한다.

"애가 일곱 살 될 때까지는 꼭 부모가 데리고 자야 돼. 그래야 정서적으로 안정된 아이로 클 수 있어. 뭐? 애 아빠 때문에 안 된다고? 아니 지금 부부생활이 중요해? 애가 잘 크는 게 중요하지. 부부가 각방을 쓰는 한이 있어도 일곱 살까진 반드시 끼고 자라고."

이 의견에 동의하지 않더라도 굳이 반대하여 내가 나쁜 부모라는 인상을 심어 줄 필요는 없다. 다른 의견을 제시하여 그 사람의 기분을 상하게 할 필요도 없고, 놀이터에서 놀고 있는 내 아이를 '이상한 엄마가 잘못 키운 정서 불안한 아이'라고 손가락질을 받게 할 필요도 없다.

지금까지 여러분은 그 말에 동의하지 않더라도 애써 고개를 끄덕이거나 미소를 지었을 것이다. 어쩌면 귀중한 시간을 들여 그가 부모들의 무지함과 뻔뻔함에 대해 열변을 토하는 것을 들었을지도 모른다. 표정을 관리하면서 이야기를 들어주느라 잃어버린 시간의 가치는 말할 것도 없고, 아무런 반대도 하지 않고 수동적으로 앉아 있던 자신의 행동을 생각하면 속이 부글부글 끓어오를 것이다.

그래서 이제 인생이 빛나는 정리의 마법이 필요하다.

다음에 또 이런 일이 생기면 상대를 차분히 바라보면서 어깨를 으쓱하고 이렇게 말하자.

"알아요. 알아요. 모두 자기 의견이 있지요! 그에 맞는 상황이라는 것도 있고요. 그런데 조지 클루니는 나이 들수록 섹시해지는 거 같지 않아요?"

중립적인 화제로 대화 내용을 바꾸는 건 그리 어려운 일이 아니다.

그의 생각이 유일무이한 의견이 아니라는 것을 암시하되, 굳이 받아들이거나 적극적으로 논쟁하는 방식으로 신경을 쓰지 않으면 된다. 그 과정에서 그녀의 가치관을 공격하거나 기분을 상하게 하지 않았으니 우리의 행동이 막가파처럼 보이지도 않을 것이다. 우리는 솔직하고 예의 바르게 행동했고, 그 사람이 어떻게 생각하는지 신경 쓰지 않았고, 그녀가 우리의 말을 비난할 수 없으니 사건은 무사하게 해결되었다.

미안함에 대하여

"죄송해요!"라는 말은 '진짜 미안하지는 않은데, 내가 한 행동 혹은 내가 하려는 행동을 무마하고 싶다.'는 의미부터, '제기랄, 내가 무슨 짓을 한 거지?'라고 말하고 싶을 정도로 정말 잘못한 일에 대한 사과의 의미까지 다채롭게 사용된다.

우리는 예방차원이든 방어차원이든지 간에 여러 인간관계에서 이 말을 지나칠 정도로 자주 쓰는 경향이 있다.

실제로 실수하거나 잘못했을 때는 미안하다고 말해야 한다.

하지만 단지 "미안해요."라고 말함으로써 어떤 상황이나 분위기가 나아지리라고 생각한다면 그건 착각이다.

만일 미안해할 일이 아니라면

1) 미안해하지 말고 2) 사람들에게 미안하다고 말하지도 말자!

이 방법을 따르면 미안하다고 말할 일이나 유감스러운 상황이 생기지 않게 된다.

복습: 홈메이드 땅콩버터 구매를 거절하거나 육아 문제에 관한 의견을 은근슬쩍 넘겨버리는 것처럼 신경 쓰기가 다른 사람과 관계된 일이라면 자신의 결정에 대해 솔직하고 예의 바르게 행동하고,

의견은 서로 다를 수 있다는 생각을 가지도록 노력하자. 그러면 99%는 잘될 것이다.

하지만 예를 들어 마트에 가면서 잔뜩 꾸미고 가는 것처럼 신경 쓰기가 오직 자기 자신에게만 영향을 주는 경우라면 남들이 뭐라고 생각하든 무슨 상관이란 말인가. 나의 옷과 티셔츠에 대해 마음대로 생각하게 내버려 두자. 흘끔흘끔 쳐다보는 사람들을 편안한 마음으로 무시해 버리면 그만이다.

이 두 경우 어느 한쪽에만 속하는 게 아닌 문제의 경우라면 바로 이 책에서 조언하는 대로 행동하면 된다. 그런 경우가 많아서 이 책이 필요한 것이다.

익숙해지기까지 약간의 시간이 걸릴지 몰라도, 다른 사람들의 생각에는 신경을 *끄*자.

막가파 되지 않기

잘만 하면 남들에게 신경을 쓰지 않아도 막가파로 보이지 않는다는 점을 거듭 강조하고 싶다. 어떤 일에 대해 신경을 끄는 나름의 이유를 생각하고, 신경 쓰지 않음으로 인해 상대방에게 미치는 영향을 머릿속에 그려 본 다음, 그 사람의 감정이 상하지 않게 하는 방법을 찾아야 한다. 대개는 솔직함과 예의 바름만 잊지 않는다면 별문제는 없을 것이다.

☑ 신경 쓰기 예산 편성

정말 사고 싶은 물건을 사려고 몇 달 동안 모은 돈을 가지고 가서 반짝이는 신상품을 사서 들고 나올 때의 그 뿌듯한 기쁨!

그 순간에는 아마도 그 물건을 사기 위해 돈을 모으려고 참아 왔던 시간은 전혀 생각나지 않을 것이다. 실제로 많은 희생이 있었지만 말이다. 빵집에서 매일 먹던 샌드위치를 무려 석 달 동안 먹지 못했을지도 모른다. 어쩌면 그 빵집에서 아르바이트하느라 자유 시간을 포기했을지도 모른다. 어쨌든 물건을 사기 위해 돈을 모아야 한다는 목표가 있었고 얼마나 절약을 해야 할지, 혹은 목표액을 벌려면 얼마나 많은 시간 동안 일을 해야 할지 계획도 했을 것이다.

신경 쓰기에 대해서도 이런 예산을 세울 것을 제안한다.

친구의 감정을 상하지 않게 하려고 그놈의 땅콩버터를 사야 할 것인지를 두고 고민하는 대신 그것을 '신경 쓰기 예산' 가운데 한 항목으로 단순하게 생각하면 어떨까?

2만 5천 원짜리 천연 땅콩버터 구매=신경 쓰기 한 단위 투입

천연 땅콩버터에 신경을 쓴다는 것은 그와 동등한 어떤 것에 신경 쓸

여지가 한 단위 줄어들었다는 뜻이다. 예를 들면 땅콩버터 파티에 오고 가느라 들인 택시비 때문에 스노보드 구매 자금 혹은 집세를 낼 수 있는 돈이 줄어들었다는 것이다.

이제 신경을 쓴다는 게 뭔지 좀 더 현실적으로 다가오지 않는가?

물론 모든 것이 돈과 연관되지는 않는다. 돈이 아니더라도 시간이나 에너지 면에서 부담이 되는 일들이 많다. 다만 지폐를 가지고 예산을 짜듯 시간과 에너지 예산도 쉽게 짤 수 있다는 말이다.

예를 들어 아이 친구의 부모가 학교 기금 모금을 위해 홈메이드 쿠키를 정기적으로 구워 온다고 치자. 웃는 얼굴이 장식으로 그려진 쿠키와 건강을 염려하는 사람들을 위해 글루텐 없는 쿠키까지 따로 굽는다. 하지만 아마도 홈메이드 쿠키를 구울 '시간'이나 '에너지'가 없을지도 모른다. 그래서 그냥 가게에서 파는 오레오 쿠키를 사서 가져가고 싶은데, 그러면 다른 부모들이 어떻게 생각할지가 걱정된다.

내가 무슨 말을 하려는지 짐작이 갈 것이다.

우선 다른 사람이 어떻게 생각하는지 걱정하기를 멈추자. 그리고 그에 따라 신경 쓰기 예산을 세우자. 시간과 에너지가 없다면? 그럼 오레오를 사면 된다!

우리는 너무나 자주 은연중에 신경 쓰기라는 행동을 예산의 항목으로 배분한다. 예를 들어 밴쿠버에서 주말을 보내자는 제안을 순간적으로 수락하고, 계획을 세우고, 한참 일이 진행된 다음에야 '아, 내가 충분히 생각하지 않았구나.' 하고 깨닫는다. 행복을 위한 잠재력을 극대화하려면 신경 쓰기라는 행동을 하기 전에 결과를 고려해야 한다. 시간, 에너지, 혹은 돈을 쓴다면 그 결과는 더 큰 기쁨을 가져와야 마땅하다. 만일 이보다 더 좋은 다른 일이 있다면 이 계획은 멈추어야 한다. 우리의 신경 에너지는 한정되어 있기 때문이다. 멈추고, 계산하자. 그리고 때에 따라 신경을 쓰거나 신경을 끄자.

☑ 우리가 신경 쓰지 않는 것에 대해 끊임없이 신경 쓰는 사람들은 어떻게 할까?

이런 사람들이 있기 마련이다. 말귀가 어두운 사람 말이다. 말이 길어진다는 단점이 있지만 그만큼 최대한 솔직하고 예의 바르게 대해야 한다. 그 사람들은 논쟁하고 달래서 우리의 마음을 돌리려고 노력한다. 우리가 무엇에 신경을 쓰든 말든 그 문제가 그 사람들에게는 너무 중요해서 우리의 의견은 중요하게 생각하지 않는 것이다.

그것은 축구, 재즈, 음식, 여행 또는 가족의 종교행사 참여 등 너무나 다양하다. 그들은 아무리 솔직하고 예의 바르게 거절을 해도 절대로 흔들리지 않는다. 이 사람들은 갈등을 갈구한다. 마치 우리가 기분 상하기를 바라는 것 같다.

이런 경우라면 우리의 신경 쓰기 예산에서 장기간 지출을 고려해야 한다. 아마도 이 대화를 완전히 끝내 버리려면 나쁜 사람처럼 보이거나 나쁜 사람이 되는 것이 더 나을지도 모른다. 만일 누군가 그들에게 꺼지라고 말해야 한다면, 그 말을 우리가 하는 것도 나쁘지 않을 것이다.

☑ 요약

인생이 빛나는 생각의 마법은 우선순위의 문제다. 짜증보다 기쁨을 우선한다. 의무보다 권리를 우선한다. 의견과 감정, 예산 고수하기, 보상에 주목하기를 기억하자.

기본을 복습하자. 실제로 신경을 쓰거나 끄기 위해 결정하는 수단과 과정을 살펴보자.

- 신경 쓰려는(혹은 쓰지 않으려는) 일이 자신에게만 영향을 주는 가? 혹은 타인에게도 영향을 주는가?
- 만일 전자라면 게임에서 매우 유리한 입장이다.
- 그러나 후자라면 당면한 문제에 신경을 쓰지 않기 위해 우선 다른 사람들이 어떻게 생각하는지 신경을 쓰지 말아야 한다.
- 그러기 위해서 '의견'과 '감정'을 분리하여 생각하자.
- 막가파는 되지 말자.
- 이제 신경 쓰기 예산을 살펴보자. 그 항목이 얼마나 가치가 있는 가? 감당할 수 있는가?

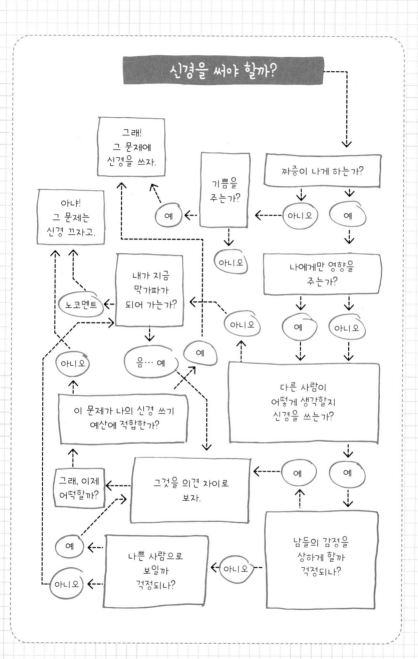

신경을 써야 할까?

그래!
그 문제에
신경을 쓰자.

기쁨을
주는가?

예

짜증이 나게 하는가?

아니오   예

아냐!
그 문제는
신경 끄자고.

아니오

나에게만 영향을
주는가?

내가 지금
막가파가
되어 가는가?

노코멘트

아니오   음… 예   예

아니오   예   아니오

이 문제가 나의 신경 쓰기
예산에 적합한가?

다른 사람이
어떻게 생각할지
신경을 쓰는가?

그래, 이제
어떡할까?

그것을 의견 차이로
보자.

예   예

예

나쁜 사람으로
보일까
걱정되나?

아니오

남들의 감정을
상하게 할까
걱정되나?

아니오

- 만일 그렇다면 무슨 일이 있더라도 하자! 하지만 그렇지 않다면 솔직하고 예의 바르게 거절한 다음 신경 딱 *끄고* 100% '미련 없는 상태'가 되자.

신경을 쓸지 말지를 결정하기 위한 일람표가 여기 있다. 읽으면서 되짚어 보자. 2부와 3부에서는 이렇게 할 것이다.

- 곧 버려야 할 '정신적인 어수선함'을 살펴본다.
- 자신 있고 효율적인 의사 결정을 위해 미리 신경 쓰기를 분류하는 법을 알려 준다.
- '내가 개인적으로 신경 쓰지 않는 일들' 샘플 목록을 제공한다.
- 2단계: 신경 *끄기*를 시행할 다양한 전략을 보여 준다.
- 진짜로 신경 써야 할 문제를 파악하도록 돕는다.

이 모든 것 덕분에 최소한의 스트레스, 최대의 행복, 인생이 달라지는 엄청난 마법을 경험하게 될 것이다. 하지만 지금은 그 영역으로 들어가기 전에 마지막으로 좀 더 연습하자.

☑ 시각화 연습

자, 차분히 앉아 잠시 숨을 고르자.

그리고 지금 신경 써야 한다고 생각하는 대상을 모두 자유롭게 머릿속에 그려 보자. 친구, 가족, 회사, 심지어 자기 자신의 왜곡된 의무감까지 떠올려도 된다.

여기에는 사소한 문제들도 들어갈 수 있다. 핸드백에 어울리는 벨트, 우리 농산물 먹기, 핫요가, 다이어트, 발효음료 유행 열풍, 해리포터 책, 선거, 팟캐스트, 패션 감각, 공정무역 커피, 클라우드 저장 공간, 다른 집 자녀들, 독실한 척하는 종교인들, 세계 경제 이해하기, 아버지의 두 번째 아내, 인스타그램의 사진, 아니면 휴가.

머리가 좀 아파지는가? 마음이 답답해지고 화가 나는가?

좋다. 그렇다면 잘 되어 가고 있다.

자, 이제 이런 모든 일에 신경을 쓰지 않는다면 얼마나 만족스럽고 걱정이 없을지 생각해 보자.

핫요가? 생각할 거리도 안 된다.

클라우드 저장 공간? 신경 쓸 것 없다.

해리포터 책? 미안, 신경 쓸 필요가 없네.

훨씬 기분이 나아지지 않는가? 신경을 끄기로 마음먹는 순간이 최선의 삶을 살기 시작하는 순간이다.

이 점을 염두에 두고 제끼기 방법: 신경 쓰지 않을 항목 정하기를 연습하자.

2부

우리가
신경 쓰는
네 가지

2부에서는 마음을 어지럽히는 모든 신경 끌 거리를
목록으로 만들 것이다.
아쉽게도 그런 항목들을 정리 전문가 곤도 마리에가
양말을 정리하는 것처럼 마룻바닥에 던져 놓고 할 수는 없다.
하지만 걱정하지 말자. 방법은 있다.

확률적으로 신경 쓸 가능성이 높은 목록 네 가지를 하나씩 살펴볼 것이다.
장담하건대 이 작업은 직장 동료의 노래방 생일 파티보다
훨씬 재미있을 것이다.
이 작업의 목표는 '정신의 헛간'의 각 부분에 거기 속하는 목록을 만들고,
그 목록들을 이용하여 무엇이 짜증을 유발하고 무엇이 기쁨을 주는지
파악하는 것이다.
그러면 '미련 없이 제끼기' 방법 제1단계: 신경 쓰지 않을 항목 정
하기를 마칠 수 있다.

일단 시작하면 아주 간단한 작업이다.
심지어는 다소 중독적이기도 하다.
신경 쓸 항목이 하나둘 줄어드는 것을 보면 점점 더 많이
줄이고 싶어질 것이다.
마음이 아주 홀가분해지기 때문이다.

☑ 정신은 헛간이다

어떤 것에 대해 신경을 쓰지 않겠다고 결정하면 굉장한 해방감을 느낀다. 다른 사람의 기분을 상하게 하지 않고 막가파도 되지 않으면서 신경을 쓰지 않으면 더욱 좋다. 하지만 우선 내면을 들여다보아야 한다. 너 자신을 알라.

이때 먼저 해야 할 일은 신경 쓰기 활동을 짜증나는 것과 기쁨을 주는 것으로 분류할 수 있게 자신의 '정신적' 공간의 용량을 파악하는 것이다. 그 용량에 맞추어 신경을 쓸지 신경을 끌지의 여부를 결정해야 한다.

준비되면 바닥에 앉자. 딱딱한 나무 바닥이면 더 좋다. 불편할수록 이 작업을 빨리 끝내야 한다는 동기가 유발될 테니까. 일단은 마음을 어수선한 방, 아니 잡동사니가 가득한 커다란 헛간이라고 생각하자. 그 헛간에는 우리에게 지금 당장 신경을 쓰라고 요구하는 대상들이 들어 있다. 그 중에는 우리가 원하는 것도 있고, 원하지 않지만 꼭 해야 하는 것도 있을 것이다.

그 헛간은 아주 엉망진창이다. 물건을 한없이 쌓아 두고 버리지 못하는 사람들의 헛간. 생각만 해도 몸이 근질거린다.

다음은 그 정신의 헛간 안을 걸어 다녀 본다. 헛간 안의 물건은 다 좋은 것(원해서 신경 쓰는 일)도 아니고 모두 쓸모없는 것(원치 않는 것)도 아니다. 가지고 있었는지도 몰랐던 물건들도 발견하겠지만 꼭 필요한 자리에 꼭 있어야 하는 것도 발견할 것이다. 우리에게 주어진 신경 쓸 확률이 높은 항목을 모두 파악한 다음에는 평가를 거쳐 그것들이 자신이 진정으로 원하고 필요해서 신경을 쓰는 것인지 신중하게 검토한다.

신경 써야 할 모든 일을 들여다보기 시작하면 장이 꼬여 속이 아프고 머리와 가슴이 욱신거릴지도 모른다. 바로 이것이 요점이다.

여기서 신경 쓰기 과부하 증세가 나타나야 한다.

헛간의 목록을 만들 때는 깊은 곳에 숨어 있는 신경 쓰기 항목까지 모두 포함하여 만들어야 한다. 지저분한 것들이 가득 쌓인 헛간은 들어가려고 머리를 밀어 넣었다가 문 바로 안쪽에 산처럼 쌓인 것들 때문에 안으로 깊숙이 들어가지 못한다. 바깥쪽도 치우지 못하는데 하물며 안쪽에 있는 것들은 어떨까. 안으로 쭉 들어가야 헛간에 널려 있는 것들을 치우고 정리할 희망이 조금이라도 생기는데 말이다.

그렇다. 신경 쓰는 데 드는 시간, 에너지, 혹은 돈을 온전히 인식하려면, 그리고 그것들을 단번에 가지치기하는 기쁨을 누리려면 '신경 쓰기 과부하'를 경험해야 한다.

이것을 한 번에 제대로 하면 평생 자유 이용권이 생긴다. 우리에게 요구되는 신경 쓰기 항목이 시간이 흐르며 바뀌더라도 마찬가지다. 예를 들어 휴가철이 시작된다든지 하는 식으로. 일단 정리를 해 놓으면 헛간 속에 정신적인 어수선함이 다시 쌓이지 않을 것이다. 신경 쓰지 않아도 될 것들이 애초에 마음의 헛간에 쌓이지 않도록 골라 넣는 관점과 기준을 갖게 될 것이기 때문이다.

무엇보다 중요한 것은 신경을 쓰고 싶든 쓰고 싶지 않든, 반드시 발견되는 모든 신경 쓰기 항목을 일단 적어서 정리해 보아야 한다는 것이다. 지금 신경을 쓰는 것이 동생의 새 애인이 한 피어싱이 아니라 동생의 행복인 것처럼, 신경을 쓰고 싶고 마땅히 써야 할 항목이 원치 않는 항목 아래 처박히지 않도록 해야 한다. 이미 말한 대로 헛간 안은 엉망이다. 지금 당장은 상태를 파악해야 한다.

알베르트 아인슈타인은 이렇게 말했다. "문제를 풀 시간이 한 시간 있다면 55분 동안 문제에 대해 생각하고 5분 동안 해결책에 대해 생각하겠다." 이러니 노벨상을 받은 것이 당연하다.

정신의 헛간을 살펴볼 시간을 내어 그 안에 있는 모든 신경 쓰기 항목을 찾아내고, 하나씩 하나씩 목록을 만들자. 분명 미래의 신경 쓰기 목록과 그것을 만들 해결책이 보일 것이다.

나를 믿어 보라. 아니면 적어도 아인슈타인을 믿어 보시라.

☑ 신경 쓸 대상을 분류하자

제끼기 방법에 따라 신경 쓸 확률이 높은 것들을 네 가지 카테고리로 나누어 보았다.

사물

일

친구, 지인, 모르는 사람

가족

이 네 가지 카테고리를 함께 고려하면 신경 쓰기를 그만둘 대상, 즉 사람과 사물의 그룹을 구성할 수 있을 것이다. 하지만 한 번에 하나씩 다루면 좀 더 쉽게 접근할 수 있다.

내가 설정한 순서를 따를 것을 강력 추천한다. 신경 끄기를 결정할 때는 먼저 물건부터 시작하는 게 좋다. 물건은 무생물이고 감정이 없고 말대꾸를 하지 못하기 때문이다. 그 다음이 일이다. 일은 거의 모든 사람에게 괴로움과 억울한 마음을 일으키기 때문에 좋은 동기유발 거리가 된다. 기초를 다진 다음이 친구, 지인, 모르는 사람 차례다. 그리고 맨 마지막은 가족이다.

제끼기 방법이 아무리 바람직한 것이라 해도 제부에게 '이런 건 내게는 관심 있는 주제가 아니니 단체 메시지를 보낼 때 나한테는 보내지 말라.'고 말하고 싶더라도 아직은 유혹에 넘어가지 말라. 가족부터 시작하면 망한다.

가족은 빌어먹을 '지뢰밭'이라는 뜻이다. 가족에게 신경을 끄기가 제일 어렵다. 이 문제에는 기분과 의견 대신 의무감이 포함되어 있기 때문이다. 그래서 신경 쓰지 않을 것들의 목록에 의무를 넣을 것을 추천한다. 이런 식으로 친척이나 가족 관련 행사에 참석하거나 기념품을 간직하거나 만나거나 하기 전에 먼저 의무에 대한 자신의 감정도 판단해 보아야 한다.

일단 앞서 나온 세 가지 카테고리들과 씨름한 다음이라면 고모할머니가 쓰시던 추레한 털 달린 의자를 보관해야 할 것만 같은 의무감과 고모할머니를 생각하는 마음을 구분하기가 훨씬 쉬울 것이다.

우선 해 보시길. 내 말을 믿을지 말지는 나중에 결정하면 된다. 이렇게 하면 낡은 곰 인형도 미련 없이 버릴 수 있을 것이다.

사물

앞서 말한 것처럼 물건은 무생물이다. 여기에는 다른 인간에 대한 짜증스러운 '감정'과 '의견'이 개입되지 않는다.

사실상 '사물' 목록의 몇몇 항목은 엄밀히 말해 사람이고(예를 들어서 나는 그레이트풀 데드라는 록 밴드가 사람들로 구성되었다 해도 사물로 친다), 낯선 사람에 해당한다(나는 그레이트풀 데드의 구성원을 개인석으로 하나도 모른다). 하지만 내가 '낯선 사람'이라고 할 때는, 마주친 적은 있지만 실제로 알지는 못하는 사람을 뜻한다. 예를 들어 휴가 때 어떤 프로그램에 참여해 보라고 끈질기게 권하는 영업직원을 만났다 치자. 그래서 "이봐요. 나는 그런 일에 당최 관심이 없고 댁이 할당량을 채우든 말든 상관없어요."라고 말하고 싶을 것이다. 이런 경우 이미 그 프로그램을 사물 목록에 올렸다 해도 프로그램에 등록하기를 권유하던 남자를 낯선 사람 목록에 올릴 필요는 없다. 하지만 몇몇 경우는 겹치기로 목록에 올려도 무방하다.

☑ 나는 무엇을 신경 쓰고
무엇을 신경 쓰지 않는가?

만일 내 정신의 헛간에 들어 있는 것들의 목록을 오늘 만들어야 한다면 그 목록에는 아마도 다음과 같은 것들이 포함될 것이다.

1. 다가오는 휴가를 위한 계획
2. 휴가를 가기 전까지 이 책 마감하기
3. 휴가 동안 날씨가 어떨지 걱정하기
4. 공화당 대선후보 도널드 트럼프가 대통령이 되었다는 사실

아시다시피 목록에서 짜증을 유발하는 항목이 있다면 거기에 신경을 쓰면 안 된다. 기쁨을 주는 항목에만 신경을 써야 한다.

나는 휴가 계획을 세우고 이 책을 쓰는 게 기쁨을 주는 일이라는 사실을 이 목록을 보면서 깨닫는다. 반면 트럼프가 대통령에 당선된 것과 비가 올지도 모른다는 예보는 짜증을 유발할 뿐 아니라 내가 통제할 수도 없는 것들이다. 그러므로 앞의 두 가지에는 신경을 쓰고 나머지 두 가지에 대해서는 신경을 꺼야 한다. 썩은 건초더미

와 퇴비를 정신의 헛간에서 치워 버릴 준비가 되어야 한다.

이제 정신의 헛간을 살펴보고 그 안에서 발견한 모든 것의 목록을 만들어야 한다. 어쩌면 여러분의 목록이 나의 목록과 같을 수도 있고, 여러분은 나와 다른 것을 '선택'할지도 모른다. 그런 선택을 이해하는 것은 아니지만, 그렇다고 판단하지도 않을 것이다.

요컨대 신경 쓰기 목록은 각자 모두 다르다.

이제 자문해 보자. 헛간에서 발견한 것 가운데 기쁨을 주는 것은 무엇인가? 쓰레기통에 던져 버려야 한다는 감정을 일으키는 것은 무엇인가? 기쁨을 주는가 아니면 짜증을 유발하는가? 모두 목록으로 만들자. 영감을 얻기 위해 정신의 공간을 어지럽히고 끝없이 짜증을 유발했던 것들의 목록을 살펴보라. 목록을 작성한 다음에는 거기에 신경을 쓰지 않아야 한다. (이것은 신경 쓰기 빙산의 일각이지만 아이디어를 얻을 것이다.)

☑ 내가 신경 쓰지 않는 열 가지

① 다른 사람의 생각

이 부분은 타협할 수 없다. 모든 신경 쓰기가 여기서 비롯된다.

② 비키니 몸매

수영복 입은 내 모습이 어떻게 보일지 신경 쓰지 않게 되자 새끼 고양이들이 하늘에서 내려와 비욘세의 '올 더 싱글 레이디즈'를 신나게 부르는 것 같은 기분이었다. 환상적이었다.

③ 농구

나는 농구를 어떻게 하는지도 모르고 좋아하지도 않는다. 그래서 농구경기를 보러 가자고 남들이 초대를 해도 보러 가지 않는다. 그냥 신경을 쓰지 않는다. 그래도 내 삶은 더 나빠지지 않는다. 이런 태도는 특정 스포츠 혹은 스포츠팀에 모두 적용할 수 있다.

④ 아침형 인간 되기

지금까지 나는 낮 12시 이전에는 어떤 일정도 잡고 싶어 하지 않았고 아침에 회의가 있을 때도 아슬아슬하게 지각을 면하곤 했다. 때로는 스스로의 이런 모습을 부끄러워하기도 했다. 우리는 보통 아침형 인간을 좋게 보고 그렇지 못한 사람을 무시하는 시각을 갖고 있는데, 나는 프리랜서가 된 후 아침형 인간이 되는 것에 대한 신경 쓰기를 시원하게 중단했다.

⑤ 테일러 스위프트

모두 한목소리로 '테일러! 테일러!'라고 할 때 나만 '아닌데.' 하는 격이지만 별로 신경 쓰지 않는다. 않는다. 내가 철 지난 노래를 즐겨 듣거나 대중음악에 무관심하더라도 아무 일도 안 생긴다.

⑥ 아이슬란드

아이슬란드는 분명 아름다운 나라지만 누군가 아이슬란드로 가는 일생일대의 여행 이야기나 혹은 '아이슬란드 사람들은 요정을 믿는대요!' 같은 말을 하면 내 눈은 농구 경기장에 있을 때처럼 흐려진다.

⑦ 미적분

이것은 아마도 내가 신경 끄기를 실행한 가장 초기의 기록일 것이다. 고3 때 담임 선생님이 진로 상담을 하면서 이 수업을 들어야 좋은 대학에 갈 수 있다고 말했다. 오랫동안 깊이 생각했지만 결국 난 미적분에는 관심이 없다는 결론을 내리고 수업을 듣지 않았다. 하지만 나는 하버드대학에 들어갔다. 이 결과를 보면 나의 신경 끄기 방법을 반박할 수 없을 것이다.

⑧ 진심인 척하기

나는 '좋은 말이 아니거든 그냥 말을 하지 말자.'라는 생각을 전적으로 고수한다. 무슨 '척'하는 데는 관심 없다.

9 패스워드

패스워드는 가장 최근에 성공을 거둔 사례다. 처음에는 개인정보 보안에 대해 무척이나 신경을 쓰고 걱정을 했다. 그러다가 전문가들이 쓴 여러 기사를 읽었는데 해킹당하지 않으려고 아무리 애를 써 봤자 어차피 보안은 해킹하고자 하는 상대의 의지 앞에 무력하다는 점을 암시하는 내용이었다. 나는 그것을 읽고 나서 '모든 것에 같은 패스워드를 써도 되겠네.'라고 생각했다. 그게 정말 중요할까? 그런 생각을 하다가 나는 16년 동안이나 결혼생활을 해 온 남편이 아직도 내 이메일 패스워드를 모른다는 사실을 깨달았다. 그러니 은행계좌, 현관문, 메일, 페이스북 등에 서로 다른 암호를 붙이고 그걸 일일이 외우는 데에 신경을 쓰지 않아도 될 것이다.

10 구글 플러스

시도조차 해 보지 않았다.

나는 신경을 쓰지 않지만, 내가 신경 쓰지 않는 것이 누군가의 신경 쓸 목록에는 들어 있을지도 모른다. 하지만 괜찮다. 정신의 헛간을 둘러보는 동안 귀에 이어폰을 꽂고 테일러 스위프트의 '셰이크 잇 오프'를 반복해서 듣는 것도 각자의 자유다.

어쩌면 여러분은 속옷 챙겨 입기에 신경 쓰지 않을 수도 있다. 아니면 문법학자들이 신경 쓰는 쉼표의 위치라든가, 우측통행 같은 것을 신경 쓰지 않을 수도 있다. 뭐든 안 될 것 없다. 사람은 다 다르니까.

☑ 몇 가지 더!

앞에서 이야기한 신경 쓰기 예산에 대해 살펴보자. 다음은 내가 적용 중인 신경 쓰기 예산표이다.

신경 끌 것	신경 쓸 것
랍스터	더 많은 캐비어
교황의 최신 의견	리즈 위더스푼의 인스타그램
냅킨 링	컵 받침
올림픽	드라마 보기
「뉴요커」 잡지 읽기	아무거나 다른 일
체육관 가기	잠자기
페이스북 퀴즈 풀이	멍 하니 허공 보기
대학 축구	캠퍼스 강간 문제
집에서 운동하기	와인 마시는 시간 갖기

위의 목록에 있는 몇 가지는 지나치게 단순하거나 피상적으로 보이지만, 나의 시간, 에너지, 돈이 양적으로 어떻게 배분되는지 매우 명료하게 보여 준다.

이전에 나는 종종 체육관에 가야 할 것 같은 압박감을 느끼고, 가지 않는 것에 죄책감을 느꼈다. 하지만 체육관 가는 일에 신경을 끄기로 결정하고 나니 죄책감에서도 해방되었고 스스로를 뚱뚱하다고 느끼는 순간에서도 벗어나 아침마다 잠을 푹 잘 수 있었다. 시간을 다시 배분하고 에너지를 보존하며, 체육관 회비까지 생각하면 돈도 절약하는 것이다. 신경 끄기 3연승이다.

짜증을 유발하는 것과 기쁨을 주는 것을 파악한 다음에는 신경 써야 할 항목의 우선순위를 정하자. 어떤 사람은 내가 정한 우선순위를 보고 고개를 갸우뚱할지도 모르지만 그게 무슨 상관인가? 지금부터라도 덜 신경 쓰고 최선의 삶을 살면 그게 최고다.

나는 페이스북 퀴즈풀이에 신경을 껐다. 그리고 비키니 라인을 제모하고 크림처럼 부드럽고 시원한 스무디를 맛보면서 하늘을 바라보는 나만의 시간을 많이 가졌다. 2020 도쿄 올림픽이 다가와도 이제는 올림픽에 대해 신경 쓰지 않을 것이다.

자, 그러면 이제 정신의 헛간에 쌓여 있는 것들을 하나씩 적어서 정리해 보자.

신경 쓸 것들과 신경 쓰지 않을 것들

일

_____

단순히 무생물로 분류되는 물건, 개념, 활동에 신경을 쓰지 않는 '사물' 카테고리보다 복잡하지만, 그래도 일은 친구와 가족 문제만큼 부담스럽지는 않다. 그래서 이 카테고리는 인생이 빛나는 마법을 진행하는 두 번째 순서가 된다.

많은 사람은 삶에서 가장 싫어하는 것이 무엇이냐는 질문에 대해 일, 상사, 직장 동료, 담당 부서, 혹은 업무와 관련된 무언가를 이야기할 것이다. 일과 관련된 항목들은 무척 광범위한 편이다.

다행히도 불필요한 회의나 서류작업을 회피하든 혹은 동료의 파티 초대를 거절하는 일이든 간에 일에 관한 것에 신경 쓸 항목의 수를 줄이는 아주 괜찮은 방법이 많다. 그러면서도 여전히 직장에서 해고당하지 않고, 사람들의 호감을 사고, 심지어는 존경까지 받을 수 있다(82쪽 '호감의 소용돌이' 참조). 이 부분에 대해서는 먼저 이 단원에서 여러 가지를 깊이 살펴본 다음 3부에서 한 번 더 짚어 보기로 하자.

일과 관련된 것들에 지나치게 신경을 쓰는 가장 흔한 이유 두 가지:

1. (월급을 좌우하는) 상사의 판단이 두렵다.
2. (하루 중 대부분 시간을 함께 보내는) 동료의 판단이 두렵다.

표면적으로는 온전히 이해가 된다. 하지만 다음 사항들을 따져 보자.

1. 일만 제대로 한다면 실제로 해고당하는 경우는 별로 없다.
2. 마케팅 부서의 어떤 사람이 여러분을 좋게 생각하는지 아닌지에 대해 많은 신경을 쓸 테지만 사실 그 사람은 아무런 관심도 없다.

지금은 통제할 수 있는 것에만 신경을 쓰고 나머지 것들에는 신경을 쓰지 않아야 한다는 점을 기억하자. 일이란 우리가 실제로 '선택하지' 않은 물건, 사람, 실무가 넘치는 세균배양용 접시와 같아서 통제할 수 없다.

일반적인 사무실 건물과 우울한 색의 카펫, 단조로운 회의실, 화분 등을 생각해 보자. 그런 것에 짓눌려 우울해지든지 아니면 신경 쓰기를 중단하고 자유로워질지 선택은 우리 자신의 몫이다. 매일 아침 사무실로 들어가며 '세상에, 여기는 우중충한 거지 소굴 같아.'라고 생각하는 대신 '적어도 커피 흘릴 걱정은 안 해도 되겠네, 어차피 지저분한데 뭐!'라고 생각할 수도 있다.

요점은 자기 일을 얼마나 '잘' 하는지, 그리고 짜증은 최소화하고 기쁨은 최대화하기 위해 얼마나 '많은' 시간과 에너지를 일에 투입할 것인지 등의 통제 가능한 일에만 신경을 쓰자는 것이다.

제끼기 방법을 직장 생활에 적용하고 짜증나는 면에 대해 신경을 끄는 것은 놀랄 만큼 간단하다. 더구나 그렇게 했다고 해서 무능하다고 찍히거나 상사의 지시를 따르지 않았다고 비난받거나 해고를 당할 일도 절대 없다.

적절한 마음의 상태가 되기 위해 일상적인 업무와 관련하여 신경을 쓰거나 쓰지 않을 몇 가지 흔한 예를 들어 보자.

☑️ 회의

이미 일정이 잡힌 회의에 참석하지 말라는 얘기가 아니다. 특히 회의 참석이 직장생활을 유지하는 데 필수적이라면 더욱 신경 써서 참석해야 한다. 하지만 애초부터 참석하겠다고 할 필요가 없는 회의도 있다는 점을 말하고 싶다.

예를 들어 회사의 다른 부서에서 온 동료가 있다고 하자. 시카고 사무소에서 어떤 직원이 출장을 왔다. 그런데 임원의 비서가 회의 일정을 잡으려고 한다. 이 직원이 비즈니스 현황에 대한 것을 묻기 위해 30분 단위로 여러분이 일하는 층의 모든 직원과 만나려고 하기 때문이다. 임원의 비서가 "여덟 개의 회의 일정이 있는데 어느 시간이 좋으시겠어요?"라고 묻는다.

바로 이런 경우에는 '참석하지 않겠다.'고 대답해도 된다는 것이다. 그냥 "시간이 맞지 않네요."라고 대답하고 하던 일을 계속하면 된다. 회의를 하고 싶지 않은 욕구보다는 '문제가 생길까 봐.' 걱정하는 마음과 상사에게 잘 보이려는 욕구가 신경을 건드릴 것이다. 하지만 여러분이 능력 있는 직원이고 이 회의가 30분을 허비하는 것임을 스스로 알고 있다면 신경을 끄는 게 좋다. 서류상으로 간단하게 보고를 하든지 다른 사람이 팀을 위해 참석하게 하면 된다. 이런 깨달음이 없어서 눈을 가리고 사형집행대로 끌려가는 죄수처럼 회의 시간에 맞춰 가는 동료들이 많이 을 것이다. 그런 일은 그들에게 맡기면 된다.

물론 빠져서는 안 될 회의도 있다. 이런 경우에는 달리 피해 갈 방법이 없다. 하지만 그런 회의들이 시간 낭비일 뿐 아니라 쓸모없는 수다의 블랙홀이라면, 회의 진행에 '주의를 기울이지 않기로' 결정할 수 있다. 그리고 필기에 신경 쓰지 않는 방법도 있다. 솔직히 말해서 회의 때 필기한 것을 활용한 적이 있는가? 현실적으로 보자.

주간 영업부 회의에서 의미 없는 낙서로 가득한 종이 한 장을 들고 나오는 것에 신경을 끄기로 결정했다면, 그 시간을 정말로 신경 쓰는 일에 쓰면 된다. 예를 들면 장보기 목록을 정리하거나 다음 조류탐사 활동계획을 적어 보거나 멋진 소설을 구상할 수도 있다. 현재 우리가 실제로 회의 때문에 낭비하는 시간이 일주일에 1~5시간은 될 것이다. 그 시간을 마음 가는 곳에 쓴다면 상상할 수 없을 만큼 많은 것을 얻을 것이다. 1년이면 그 시간이 52~260시간에 이른다.

파워포인트

스티브 잡스는 파워포인트 사용을 비롯한, 회의에 대한 분명한 의견을 가지고 있었다. 월터 아이작슨이 쓴 전기『스티브 잡스』를 보면 그는 "자기가 무슨 말을 하는지 알고 있는 사람은 파워포인트를 사용할 필요가 없다."고 주장했다고 한다. 그 말이 맞다. 파워포인트 따위는 잊어버리자.

☑ 화상회의

화상회의는 기본적으로 회의에 속한다. 하지만 인터넷이나 전화를 이용한 회의는 실제 대면 회의보다 더 나쁘다. 비생산성이 폭발하는 현장이다. 별 성과도 없이 문자 그대로 모두의 시간을 낭비한다. 나는 되도록이면 화상회의에는 참여하지 않지만 아무도 나를 우습게 보거나 이상한 사람으로 취급하지 않는다. 그보다는 오히려 생산적이며 함께 일하고 싶은 사람으로 존중받고 있다.

여기서만 번드르르하게 하는 말이 아니다. 앞으로도 나는 꼭 필요한 경우가 아니라면 화상회의에는 참여하지 않을 것이다. 화상회의에 대해 '노No.'라고 말하자 실제로 일할 수 있는 시간이 일주일에 3~4시간은 더 생겼다. 화상회의에 신경을 끄기로 결정하면 된다. 중요한 것은 화상회의에 참여하지 않아도 아무 일도 생기지 않는다는 점이다. 이것이 바로 화상회의의 본질이며 역설이다. 혹시 다른 사람들이 끈질기게 일정을 잡으려고 한다면 일정잡기를 정말 어렵게 만들면 된다. 그러면 그들이 곧 단념할 것이다.

못된 동료나 직원으로 비쳐질까 봐 걱정된다면 '내가 화상회의에 신경 끄는 것이 다른 사람들에게 영향을 주는가?' 자문해 보자. 대답은 분명 '그렇다.'이다. 하지만 그 영향은 '긍정적인 영향'일 것이다. 우리 자신뿐 아니라 그 사람들 또한 시간과 에너지와 영혼을 갉아먹는 일에서 구제받는 셈이기 때문이다. 다른 사람들을 위해 도화선이 되어 주는 것도 멋진 일이 아닐까.

호감의 소용돌이

남들의 호감을 사는 것과 존중받는 것이 반드시 일치하지는 않는다. 단순히 호감을 얻기보다는 존중받을 때 일자리 유지가 훨씬 쉽다. 나는 일을 잘 못하는 사람도 인간적으로는 좋아하지만, 그들을 고용할 생각은 없다.

호감의 소용돌이는 존중받는 사람이 되기보다 나에 대한 남들의 호감을 더 신경 쓸 때 발생한다. 이 소용돌이에 휘말리는 건 어리석은 짓이다. 이유는? 어차피 우리는 남들이 좋아해 줄지 아닐지를 통제할 수 없기 때문이다. 여러분은 재미있는 사람일지 모르지만, 사람들이 여러분의 특별한 유머 감각에 반응하지 않을 수도 있고 심지어 그것을 싫어할 수도 있다. 여러분은 굉장히 친절한 사람일지도 모르지만 남들은 그런 여러분을 이상한 사람으로 생각하고 좋아하지 않을 수도 있다. 다른 사람에게 상처 주는 말이나 행동을 한 적이 없는데도 그저 누군가와 닮았다는 이유로 이유 없이 미움을 받을 수도 있다.

우리가 통제할 수 있는 것은 남들의 존중을 받을 가치가 있는가 하는 부분에 대해서다. 남들도 나름대로 신경 쓰기 예산을 세우기 때문에 그들이 우리에게 신경을 쓸지 안 쓸지는 모르지만, 맡은 일만 잘하면 자신이 가치 있는 존재로 존중받을 만하다는 것을 적어도 자신은 알게 된다.

일을 잘한다는 것은 맡은 일에 신경을 더 쓰고, 그 일을 하는 동안 남들이 자신을 좋아하는지에 대해서는 신경을 덜 쓴다는 뜻이다.

'호감의 소용돌이'와 그에 따라오는 신경 쓰기 회오리에서 벗어나자!

☑️ 복장 규정

어떤 종류의 회사에 근무하느냐에 따라 이 문제가 목록에 오를 수도 있고 그렇지 않을 수도 있다. 나 같은 프리랜서 작가라면 이미 오래전에 옷에 대해 신경을 쓰지 않았을 것이다. 그러나 회장 비서실이나 로펌에 근무한다면 불가피하게 정장을 입어야 한다. 병원이나 은행, 서비스 매장에서 일한다면 유니폼이 있으니 이 부분은 건너뛰어도 좋다. 아트 갤러리나 학원에서 일한다면 자유롭게 입고 싶은 대로 입으면 된다.

하지만 매일 아침 옷차림에 신경 써야 하고 사규에 '복장 규정'을 넣을 필요가 있는 회사에 다니고 있다면 이 문제를 진지하게 생각해 보자.

내가 전에 다니던 회사는 특히 여름철 복장에 대한 규정이 까다로웠다. 플립플롭이나 끈 샌들, 남자들의 반바지나 여자들의 초미니스커트, 탱크 톱 혹은 비치웨어 등이 금지 복장이었다. 지금은 잘 기억나지 않지만 몇 가지 금지 사항이 더 있었다. 사장이 맨발로 다니지 말라고 권고하기도 했다. 아마도 사장은 회사 분위기가 전문직 집단답기를 바랐을 것이고 어쩌면 병적으로 맨발을 싫어하는 증세가 있었을

지도 모른다. 어쨌든 나는 신경을 끄기로 결정했다.

숨 막힐 듯 더운 한여름에 시원하게 옷을 입지 못하고 답답하게 껴입어야 하는 것이 싫었다. 45분 걸려 출근한 후 사무실에서 8시간 남짓을 보내고, 대개 저녁에는 일과 관련된 행사에 갔다가 다시 45분 걸려 집에 오는데, 그렇게 오랜 시간 입고 있어야 하는 옷을 편하지 않게 입어야 한다는 사실에 화가 났다. 일 년 중 가장 땀이 많이 나는 계절에 구두에 스타킹까지 신으면 얼마나 덥겠는가? 왕방울만 한 물집이 생기기도 하는데.

그래서 2014년 여름 어느 날, 신발장에 가득 들어 있는 7부 바지와 잘 어울리는 색색의 예쁜 끈 샌들을 한참 바라보다가 '알게 뭐야!' 하고 하나를 집어 들었다. 끈 샌들을 신고 출근한 것이다. 나는 지난 8년 동안 복장 규정에 신경을 쓰느라 발이 까지고 물집이 생겨도 밴드를 붙여 가면서 구두를 신고 다녔다. 하지만 더는 그러고 싶지 않았다.

누가 뭐라고 해도 상관없어 하는 마음으로 샌들을 신고 출근했다. 그런데 아무 일도 없었다. 여름 내내 샌들을 신고 다녔지만 아무도 신경 쓰지 않았고 샌들에 대해 한마디도 하지 않았다. 심지어 엘리베이터에서 사장님을 여러 번 만났지만 눈 한 번 깜짝하지 않았다. 앞에서도 말했지만 한 번 더 말씀드린다. 일만 잘한다면 해고당할 일은 없다. 그리고 실제로 일을 하기 위해 신경 써야 하는 모든 일을 고려한다면 아마도 일상생활의 상당 부분에 대해서는 신경을 꺼야 할 것이다. 그 중의 하나가 복장 규정이다.

☑ 너무 많은 서류 작업

이 부분은 변호사, 은행 직원, 비서, 소매점 관리자 등 자료를 남겨야 하는 사람들, 그리고 지시 체계의 층계를 오르락내리락하며 살아야 하는 사람들에게 적용되는 사항이다.

필요 이상으로 많은 서류 작업은 사회의 재앙이다. '깨진 유리창 이론'에 대해 들어 보셨는지? 쓰레기 버리기와 기물 파손 등의 사소한 위반을 방치하면 얼마 안 가 사회 전체에 더 큰 문제가 생기고 만다는 이론이다.

서류 작업 역시 마찬가지다. 문제의 싹을 아예 잘라 버려야 한다. 쓸데없는 서류 작업을 묵인하다 보면 점점 더 많은 부담이 주어질 것이다.

물론 꼭 작성해야 하는 서류가 있다. 하지만 그 외에 아무도 읽지 않는 보고서들이 얼마나 많은지 잘 알고 있을 것이다. 지구의 종말이 올 때까지 파일에 고이 모셔져 있지만 끝내 사용되지 않는 서류들 말이다. 어느 회사든 왜 그런지 몰라도 일의 목적과 상관없이 보고서만 쓰는 일이 많다. 일곱 번씩 다시 제출하는 경우도 있다. 혹은 없어져도 모르는, 아니 없어져도 아무 상관없는 서류가 얼마나 많은지 모른다.

결과적으로 이런 서류들은 중요하지 않은 것이니 그 일에 계속 얽매일 필요가 없다.

우리 모두에게 그런 서류 양식들이 있다. 그런 것을 작성하지 않으면 어떤 일이 생기는지 살펴보라고 제안하고 싶다. 단언컨대 아무 일도 없을 것이다.

☑ 북극곰과 하프 마라톤

사무실 동료가 개인적인 기부활동을 권해도 괜찮다고 생각하는가? 나도 그런 적이 있고, 걸스카우트 기금 마련 쿠키라는 타당한 명분이 있었다. 하지만 거기에 신경을 쓸지 말지는 어디까지나 각자가 선택할 일이다. 원하지 않는다면 신경 쓸 필요가 전혀 없다.

마케팅 부서의 게일이 하프 마라톤을 위해 기부금을 걷는다고 가정하자. 그 돈은 게일에게는 중요하지만, 우리와는 아무 상관도 없는 단체로 갈 것이다. 게일은 북극곰을 구조하지만, 우리는 북극곰에 신경 쓸 여력이 없다. 그러나 게일의 하프 마라톤에 기부금을 내지 않으면 다른 사람들 눈에 분위기 깨는 사람 혹은 구두쇠로 보일까 봐 걱정된다. 그리고 휴게실에서 게일을 만날 때마다 불편할 것 같아 불안하다.

그렇다면 자문해 보자. '정말로 게일의 자선활동을 지원하고 싶은가? 내 의지에 대해 게일이나 다른 누가 어떻게 생각할지 신경 쓰이는가? 나에 대한 다른 사람의 판단이 신경 쓰이는가?'

답이 '아니오.'라면 더 나아가 자문해 보자. '확실히 물어보건대, 북극

곰에 신경이 쓰이는가? 하프 마라톤에도?'

이 질문에도 답이 '아니오.'라면 더는 신경 쓰지 말자. '신경 쓰지 않을 일' 목록에 한 가지를 추가한 셈이다.

이제 남은 일은 예의 바르게, 즉 게일의 감정이 상하지 않게 거절하는 것이다. 그러면 이제 게일의 가치관에 신경을 쓰지 않고, 기금 모금에 마음이 가지 않는다고 판단하여 실제로 신경을 끈 것이다.

하지만 직장 동료들에게 '남의 감정은 안중에도 없는 무(無)매너 막가파' 취급을 당하며 사무실의 왕따가 될 필요는 없다. 동료들의 생각에 신경 쓸 필요가 없다는 말은 그들의 의견을 신경 쓰지 않아도 잘 지내는 범위 안에서 결정하라는 뜻이다.

또 다른 예를 들어 보자. 직장 동료들이 노래방에서 생일 파티를 한다는데 별로 가고 싶지 않다. 잠자는 시간도 줄어들 뿐 아니라, 물 탄 맥주를 마시고 노래 몇 곡을 부르면서 3만 5천 원을 쓰고 오는 것이 의미 없어 보인다. 하지만 왠지 빠지면 안 될 것 같은 의무감을 느낀다. 바로 이럴 때 직장 동료들을 면전에서 비웃거나 거절하는 이모티콘을 보내라고 제안하는 것이 아니다. 그저 예의 바르게 그 초대를 거절하면 된다는 뜻이다.

신경 쓰기 목록에서 한 가지를 지워 버리면 그 결과 자유롭고 여유 있는 하룻밤이 생길 것이다.

☑ 평판이 좋은 그 사람

직장에서 신경 *끄기*에 대한 이야기를 하면 대다수의 사람은 다른 사람의 감정을 상하게 할까 염려하기보다는 자신의 평판이 손상될까 염려한다. 내가 제끼기 방법을 통해 남들의 감정을 상하게 하지 않으면서 막가파도 되지 않는 방법을 찾는 것에 지나치게 중점을 두는 이유가 여기에 있다. 이 두 가지는 모두 우리의 평판을 좌우한다.

핵심은 준비와 수완이다. 내 정신의 헛간을 돌아보고, 목록을 만들고 신경 쓰기 예산을 고려함으로써 자신이 신경 써도 되는 부분이 얼마나 되는지 알아야 한다. 그리고 그에 따라 행동해야 한다. 여유가 있다면 신경 쓰겠지만, 여유가 없으면 신경을 꺼야 한다.

예를 들어 회사 야유회에 대해서는 신경을 *끄기*로 결정했다면 그냥 안 가면 그만이다. 그런 것을 이유로 회사에서 직원을 해고하지는 못한다. 그 시간에 외국 드라마를 몰아 보거나 연인과 함께 시간을 보낼 수도 있다. 야유회를 취소하려고 폭탄 협박 전화를 건다든가 하는 것 같은 충격적인 일이 아니다. 적절한 때를 봐서 못 간다는 의사를 밝히면 된다. 정말로 그거면 되냐고? 여러분이 가든 안 가든 사람들은 별로 신경 쓰지 않는다. 우리가 가든 안 가든 야유회는 잘 진행될 것이기 때문이다.

근사한 사무실에서 하는 일이든 변변찮은 자영업자의 일이든 간에 항상 신경 쓸 것 한 가지가 바로 평판이다. 시간과 에너지 예산을 짜고, 집중력과 생산성을 연마하고, 일을 잘해서 존중받는 것이 좋은 평판을 유지하는 요소다. 나의 경우에는 이것이 '신경 쓸 것들' 중의 최상위 목록이다.

그리고 내가 전화 회의를 하지 않는 사람이라는 평판이 있다면? 나는 거기에는 전혀 신경 쓰지 않는다.

☑️ 신경 쓸 항목 정하기

목록을 작성할 때 이상적인 상태는 딱딱한 바닥에 앉아서, 정신의 헛간을 둘러보고 '신경 쓰기 과잉' 상태라는 것을 깨달은 다음 엉덩이 아래쪽이 서서히 마비되는 느낌을 받는 것이다.

그렇지만 '일' 카테고리 안에 '회의 시간' 목록을 만들 여유가 있다면 예외로 인정하겠다. 회의 따위는 엿이나 먹어라!

명심하자. 일은 상사, 동료, 직장 내 정치, 회의, 메모 등 여러 가지 하위 카테고리로 나눌 수 있다. 그리고 동료 카테고리에는 기분, 생일, 아픈 애완동물 등의 하위 카테고리가 포함된다.

정신의 헛간 벽에 붙박이 금속 캐비닛이 있다고 상상해 보자. 모든 서랍을 하나씩 열어 보며 그 안에 있는 '일 관련 신경 쓰기 항목'을 모두 모아 목록을 만들자.

내가 신경 쓰거나 신경 쓰지 않을 일 관련 문제

친구, 지인, 모르는 사람

우리는 친구들을 사랑한다. 그래서 친구가 있다. 하지만 모든 관계는 복잡하고 때로는 친구들이 신경에 거슬리기도 한다. 한 예로 나는 술에 취하면 항상 머리 위에 물건을 올려놓고 친구들에게 억지로 사진을 찍게 한다. 이런 내 행동이 어떤 친구에게는 아주 짜증이 날 수도 있다. 그런 친구들은 내가 와인 다섯 잔을 마시기 전에 조용히 자리를 뜰 수도 있겠지만 그렇게 하지 않는다. 우정을 먼저 생각하기 때문일 것이다. 우정을 파괴하는 갈등에 신경을 쓸지 말지에 관한 전략을 만드는 것이 중요하다.

문제는 다른 사람들이 자신들의 신경 쓸 목록을 우리의 정신적 헛간에 쌓아 둔다는 점이다. 일부는 단기간 저장되어 있고 일부는 구석에 들어가 몇 년째 먼지를 뒤집어쓰고 있다. 하지만 가장 중요한 것은 그런 대상들이 애초에 어떻게 거기 들어왔느냐 하는 것이다.

맞다. 바로 우리 자신이 들여놓았다. 이제 치우는 것도 우리가 해야 한다.

☑ 경계선 설정

누구나 친구, 지인, 심지어 모르는 사람들로 인해 언짢았던 기억이 있을 것이다. 이런 일을 피하기 위한 준비 과정에서 헛간 주변에 경계선을 설정할 필요가 있다.

어쩌면 이것은 야생동물이 침입하지 못하도록 치는 전기 울타리 같은 것이다. 우리의 경계선은 눈에 보이지 않을 뿐이다.

어떤 부부의 집을 방문할 때마다 커다란 개가 침을 질질 흘리며 다가와 다리를 핥으려 한다고 치자. 아마도 다리를 핥아 대는 개 때문에 그 집에 가는 것이 싫을 것이다. 하지만 개 주인의 기분이 상할까 봐 그런 말을 할 수도 없다.

그렇다면 경계선을 설정해야 한다. 그 부부를 집으로 초대하거나 식당에서 만나자고 제안하는 것이다. 만일 그들이 자기네 집에서 모이자고 한다면 그날은 배가 좀 아프다는 핑계를 댈 수도 있다. 우정을 지키기 위해 가끔은 몸이 안 좋다는 말을 해도 나쁘지 않다.

때로는 멋지게 출입 금지 표지판을 걸거나 교도소 마당의 가시철망처럼 경계선을 더욱 분명하게 할 수도 있다.

제끼기 방법을 막 개발할 때, 나의 가장 심각한 문제는 술집 퀴즈 대회였다. 내 친구들이 술집에서 하는 퀴즈 대결을 무척이나 좋아했기 때문이다. 그것도 윌리엄스버그에서! 모르는 분들을 위해 말하자면 브루클린의 윌리엄스버그는 개성 있는 문화 측면에서 보면 지독한 황무지와도 같은 곳이다. 콧수염 난 사람들과 노동자들이 마시는 값싼 맥주가 독보적으로 흔한 곳이다. 친구들은 계속 나에게 같이 가자고 하고, 나는 가지 않으려고 줄곧 핑계를 댔다. 그러고는 '낮잠 자는 중'이라고 페이스북에 올리곤 했다. 나중엔 거짓말이 들통이 나지 않도록 내가 무슨 변명을 했는지 기억해야 했다.

결국, 또 다른 핑곗거리를 만드느라 머리를 쥐어짜고, 거짓말을 들키지 않으려고 소셜 미디어를 자체 검열하는 일에 지친 나는 제끼기 방법을 써서 친구들의 초청에 이렇게 답했다.

"있잖아, 나 정말 술집 퀴즈 대회 같은 거 좋아하지 않고, 윌리엄스버그에 관해서도 관심 없어. 그래서 가고 싶지 않아. 이런 얘기 지금이라도 해야 할 것 같아. 계속 초대하는데 계속 거절하면 섭섭할 테니까 솔직히 말하는 거야."

그런데 울타리를 쳤더니 마법같이 효과가 있었다.

예의 바르게 진실을 말하면 친구가 화를 낼 것 같은가? 아니다. 그것은 지나친 걱정이다. 제끼기 방법의 장점은 걱정할 필요가 없다는 것이다. 이미 자신을 포함한 모든 이의 감정과 의견을 고려하고 행동했기 때문이다.

이제 친구들이 진실을 알고 있으므로 더는 고민할 필요가 없어졌다. 술집 퀴즈 대회에서 해방된 것이다. 나는 솔직하고 예의 바르게 행동했고, 감정이 상한 사람이 없으므로 사과할 필요도 없었다. 문자 그대로 미련 없이 해결된 것이다.

위의 두 가지는 상당히 쉽고 직설적인 사례였다. 하지만 이제 겨우 시작일 뿐이다. 여러분의 '친구' 목록에는 더욱 복잡한 제끼기 방법이 필요한 항목이 많을 것이다. 그래서 내가 친구, 지인, 모르는 사람을 세 번째로 넣은 것이다.

모르는 사람에게 신경을 끄는 것은 상대적으로 쉬운 일일 수 있다. 그것을 연습한 다음 가깝고 친한 사람들에게 신경을 쓸 것인지, 끌 것인지의 문제로 넘어가면 된다.

☑ 권유, 기부, 돈 빌려주기라면?

앞서 마케팅 부서의 게일을 예로 이 문제를 간단히 다루었지만, 어떤 명분이나 기부라는 명목으로 돈을 요구하는 일이 생각보다 자주 있다. 심지어 친구들 사이에서는 현금을 빌려 달라는 부탁을 거절하기 어려워 빌려주었다가 심각한 문제가 생기기도 한다. 다들 잘 알 것이다. 모 정치인을 위한 일 인당 만 원씩 모금, 불우이웃이나 어린이 환자 돕기 모금, 혹은 한미 박물관 기부 모금 등 종류도 다양하다.

어떤 모금을 '신경 쓰지 않을 것들' 목록에 올릴 수는 있지만, 거기에 다른 사람이 엮이면 골치가 아파진다. 그 다른 사람은 친한 친구일 수도 있고, 소셜 미디어 지인이거나 아니면 어떤 모임의 동료 회원일 수도 있다. 친구는 의무감을 가지고 자신이 아는 모든 사람에게 '이런 취지로 모금하니 도와 달라.'는 내용을 전달했을 것이다. 이런 일은 1번 카테고리부터 2번과 4번까지 연결된다. 아주 교묘하게.

좋은 의도에서 비롯된 그러한 요청이 잘못되었다고 말하는 게 아니다. 나도 여러 번 기부도 하고 도움을 청하기도 했다. 하지만 추측하건대 그 모든 것이 신경 쓰기 예산 목록에 적합하지는 않다.

요즘은 인터넷의 발달로 온라인상의 기부나 모금이 많이 이루어진다. 이는 직접 신청용지와 모금함을 들고 다니며 모금 활동을 하던 옛날 방식에 비해 쉽고 사람들과의 갈등도 덜 일으킨다.

나는 지난 한 해 동안 에이즈, 당뇨병, 심장병 치료를 위한 긴급 모금, 좋은 부모 되기 지원 사업, 두 편의 독립영화, 세 장의 음악 앨범, 네 가지 암 퇴치, 위기에 빠진 사업 프로젝트 지원 모금 요청 등을 내 소셜 미디어나 이메일을 통해 받았다. 일부는 친한 친구, 일부는 친구의 친구, 또 어떤 것들은 전혀 모르는 사람들이 보냈다.

제끼기 방법을 실천하기 전에는 이 요청 중 어떤 것 혹은 전체에 기부해야 할지 말지를 고민하며 많은 시간을 보냈을 것이다. 하지만 그것은 단순히 시간과 돈의 문제가 아니었다. 내가 기부를 했는지 안 했는지를 누가 알 것인지, 그 사람들이 나를 어떻게 생각할지를 걱정하며 많은 에너지를 쏟았다는 것이 문제였다.

더는 그 짓을 안 할 거다.

제끼기 방법을 실천하면서부터 이제 나는 내가 그 요청 자체에 진정으로 신경을 쓰는지, 다른 사람에게 그것이 어떤 영향을 미치는지를 더 빠르고 쉽게 판단할 수 있다. 그리고 기부를 하기로 했으면 아낌없이 기부하고, 기부하지 않기로 결정하면 솔직하고 예의 바르게 거절한다. 그렇게 더는 고민하지 않고 다른 일에 쓸 시간과 돈, 에너지를 남겨 둔다. 먼저 헛간 문을 자물쇠로 잠근 다음, 공간이 있고 기꺼이 하룻밤이나 2주 혹은 영원히 저장할 만한 가치가 있는 경우에만 문을 열어 신경 쓰기 항목에 포함시킨다.

단순한 이 방법이 인생을 바꾸어 놓을 것이라고 이야기했던가?

우선 모르는 사람들과 지인들로 시작하여 친구들까지, 사다리를 한 번에 한 단계씩 차근차근 올라가 보자.

어느 날 그리 친하지 않은 지인에게서 단체 메일을 받았다고 가정해 보자. 그는 주소록에 있는 모든 사람에게 '친구의 모금 활동에 도움을 주세요!'라며 참조 메일을 보냈다. 개들에게 선글라스를 씌운다나 뭐라나…….

이럴 때 어떻게 할까.

첫째, 앞서 배운 것을 복습하면서 상황을 판단한다.

신경 쓰기 예산에서 이 항목을 제외한다고 해도 다른 사람에게 직접적인 방식으로 영향을 미치지는 않을 것이다. 이 야심 찬 기업가의 금고에 돈을 더해 주지 않을 뿐이다.

둘째, 그 요청을 보낸 사람은 그저 지인이다.

친한 친구가 아니므로 우리의 입장 혹은 애견용 선글라스 필요에 대한 이견을 말할 필요도 없다.

끝으로 적절하게 처리하면 누구의 감정도 상하지 않고 상황 종료.

내 말은 이런 종류의 이메일을 받았을 때 '애견용 선글라스라고요? 아기용 가발 이후로 가장 멍청한 아이디어군요.'라는 식의 답장을 할 필요가 없다는 뜻이다. 이런 사소한 일 때문에 막가파가 될 필요는 없다. 그저 공감은 하지만 다른 곳에 신경 쓸 일이 많아 미안하지만 도와줄 여력이 없다고 답글을 보내기만 하면 그만이다.

이 모든 것을 고려할 때 애견용 선글라스에 신경을 쓰겠는가? 아니라면? 문제는 일단락되었다. 그는 단지 친구의 친구였기에 좀 더 쉽게 일이 마무리되었을 것이다.

하지만 정말 친한 친구가 본인에게는 정말 중요한 문제라고 하면서 기부해 달라고 하면 어떻게 해야 할까?

이 문제야말로 깊이 파고들어, 무술을 연마하기 위해 평소에는 세차 아르바이트를 하고 담장을 칠하는 영화 속 주인공처럼 모든 수단을 써야 할 때다.

친구의 프로젝트가 우리 자신에게도 정말 중요한가? 그것이 우리를 '설레게 하는가?' '그렇다.'라는 답이 나오면 기부를 신경 쓰기 예산뿐 아니라 실제 예산에 반영하면 된다. 이런 질문을 할 필요도 없다.

하지만 대답이 '아니다.'로 나오면 친구의 감정이 상하지 않게 솔직하고 예의 바르게 거절할 수 있을지 자문해 본다. 그 친구가 어떤 사람인가에 따라 그 일이 쉬울 수도 있고 만만치 않을 수도 있다.

처음에 이메일을 한 번 회신하고 나면 다시 그 문제를 거론할 필요가 없는가? 그렇다면 곧바로 신경을 끄자. 그런데 혹시 친구를 만났을 때 일상적인 대화를 하면서도 그 문제를 화제에 올릴 가능성이 있는가? 이런 경우라면 화제를 돌리거나 그 화제가 나왔을 때는 한 발 뒤로 물러나거나 아니면 "정말 멋지다! 잘하고 있구나!" 같은 말로 분위기를 돋운다.

이런 상황에서는 태극권의 고수와 같아야 한다. 태극권의 일반적인 원칙은 공격이 들어올 때 대항하는 힘으로 맞서기보다는 양보하는 것이다. 그러면서 적의 에너지를 흡수하고 그 에너지의 방향을 틀어서 적에게 되돌려 보내 그가 제풀에 꺾이게 한다. 이렇듯 친구의 공격에 유연한 회전 기술을 써서 예의 바르게 대응하여 친구가 싸우는 건지도 의식하지 못하는 사이에 그 일을 원하는 대로 처리하도록 해야 한다.

만일 친구가 부드러운 사이드 스텝으로 달랠 수 있는 사람이 아니라면 조금 어려울 수도 있지만 불가능하지는 않다. 이때야말로 신경 쓰기 예산을 들추어내야 한다. 먼저 친구의 의도가 얼마나 훌륭한지 칭찬해 준다. 그리고 나도 그 의도는 좋게 생각하지만, 지금은 다른 사람의 희망과 꿈에 쓸 여윳돈이 없다는 점을 솔직하고 예의 바르게 말하면서 이해해 달라고 부탁한다.

가서 말을 하자.

잘 안 될 거라고 생각하시는지? 혹시 기부는 면하게 된다고 해도, 거절당한 친구가 어떻게 생각할지 혹시나 친구의 감정을 상하게 하진 않았을까 하는 불안한 마음이 있을 것이다.

그런 여러분을 위해 더 준비한 것이 있다.

☑ 개인적인 방침

개인적인 방침은 신속하고, 효율적으로 다른 사람의 감정을 상하게 할 위험을 낮추면서 자신이 신경 쓰는 일들을 지키는 훌륭한 방법이다. 물론 여러분의 친구가 이런 방식이 통하지 않을 정도로 자기중심적인 신경증 환자라면 어쩔 수 없다. 친구에게 좋은 병원을 소개해 주는 것이 어떨는지…….

방법은 이렇게 이루어진다.

내가 신경을 쓰지 않는 일이지만 그것이 아무리 솔직하고 예의 바르게 행동하더라도 누군가의 기분을 상하게 할 수 있는 회색 지대에 존재하는 문제라면, 나는 단순하게 그것을 개인적인 방침이라고 말하겠다.

이런 식이다. "캠페인에는 기부하지 않는 게 내 개인적인 방침이야. 하나에 기부하면 다른 것까지 모두 기부해야 할 것 같은 기분이 들기 때문이야. 하지만 지금 나한테는 그럴 만한 여유가 없거든. 그렇다고 내가 어느 하나만을 선택한다면 내가 아끼는 사람 중 누군가를 더 중요하게 여긴다고 오해받을 수도 있을 것 같아. 나는 그게 싫어."

틀림없이 성공할 것이다. 그리고 내가 말했듯이 모든 기부 활동, 기부 약정, 심지어 현금 빌려주기까지를 모두 같은 방식으로 사람들에게서 권유를 받을 텐데 이때는 이 카테고리를 신경 쓰기 목록에 포함해서 동일하게 개인적인 방침이라는 식으로 처리하면 된다.

감정을 담아 한 번 더 말해 보자.

"_____ 않는 게 내 개인적인 방침이야. 하나에 _____ 하면 다른 것까지 모두 _____해야 할 것 같은 기분이 들기 때문이야. 하지만 지금 나한테는 그럴 만한 여유가 없거든. 그렇다고 내가 어느 하나만을 선택한다면 내가 아끼는 사람 중 누군가를 더 중요하게 여긴다고 오해받을 수도 있을 것 같아. 나는 그게 싫어."

이제 여러분 자신이 상대방이라고 상상해 보자. 한순간 기분이 확 나빠질지도 모르지만 정말로 반론을 제기할 수 있을까? 그럴 수 없을 것이다. 적어도 막가파가 아니라면 그러지 못한다. 이제 효과를 실감할 것이다. 그리고 그 문제를 감정적으로 받아들이면 안 된다. 그것은 한 사람의 방침이다. 사람은 누구나 자기 나름의 '원칙'과 '정책' 같은 게 있기 마련이니 그 원칙을 따르겠다는 말에 반론을 제기하기는 어려울 것이다.

☑ 사람들이 개인적으로
   반대 원칙을 고수할 만한 것들

·✦· 재혼 전 파티

간단히 말해 불필요하다.

·✦· 전문적인 조언 무료로 제공하기

미안하지만 내가 8년간 학자금 대출을 2억 5천만 원이나 받아 가며 대학원에서 공부해서 얻은 전문 지식을 가지고 마땅한 금액을 청구하지 않을 사람으로 보이나?

·✦· 조찬 모임

세상 혼자 진지한 사람과 어린아이를 만나지 않으려면 유용하다.

·✦· 노래방

개인적인 방침이지만, 노래방을 안 가면 얼마나 여러 번, 여러 가지로 싫은 일을 모면하게 되는지 이루 헤아릴 수 없을 정도다.

✦ 하루 왕복 4시간 이상 운전해야 하는 일

허리가 끊어질 것 같다.

✦ 각자 음식을 가져오는 저녁 모임

무슨 이유로 사람들이 이러는 건지 정말 모르겠다.

✦ 다큐멘터리 영화

친구들이 가장 흔하게 촬영하는 영화의 종류일 것이다.

✦ 시 경연 대회

애초에 참석하겠다고 회신을 하지 않으면 마지막 순간에 취소할까 말까 고민할 필요가 없다.

☑ 초대에 응하지 않으면 거절이지

친한 친구가 화가와의 만남이 준비된 갤러리 오프닝에 함께 가자고 한다고 가정해 보자. 나는 정말 갤러리 오프닝에는 관심이 없다. 갤러리 오프닝에 간다고 생각만 해도 퀴퀴한 치즈 조각에서 빼낸 이쑤시개로 손목을 그어 자해하고 싶은 심정이 든다. 하지만 예술을 아주 좋아하는 섬세한 성격의 친구는 거기에 갈 생각으로 마음이 들떠 있다. 나는 그의 감정을 상하게 하고 싶지 않다. 이럴 때는 친구에게 갤러리 오프닝에 안 가는 것이 내 개인적인 방침이라고 말하면 된다.

좀 더 실감이 나게 말하고 싶으면 눈을 내리깔고 몸서리를 치는 것도 괜찮다. 친구에게는 지난번에 갔던 갤러리 오프닝에서 안 좋은 일이 있었다고만 한다. 그러면 아무도 그 이야기를 하고 싶어 하지 않을 것이다.

내 경험상 사람들은 개인적인 방침이라고 하면, 특히 약간의 기교를 부리면서 이야기하면 지나치게 강요하지 않는다. 내가 만일 "난 정말 갤러리 오프닝을 좋아하지 않아."라고 하면 그건 단순한 의견이 된다. 그러면 비록 그 의견이 유효하고 내 입장을 옹호할 수 있더라도 방침이라고 할 때보다 토를 달기가 쉽다. 그런 경우에는 소중한 시간과 에너지를 낭비하며 좀 더 논쟁해야 할 수도 있다.

"갤러리 오프닝을 좋아하지 않는다고? 왜?"
"아, 지루한 편이고 서 있으면 발이 아파."
"하지만 할로겐 조명 아래서 작품과 교감하잖아!"
더구나 친구의 성가신 '감정'이 문제가 된다.
"그래. 하지만 갤러리는 언제 가 봐도 실내가 답답해. 그 사람들은 데오도란트(땀 냄새 제거제)를 바르지 않나 봐."
"대체 하고 싶은 말이 뭐야? 나한테서 나쁜 냄새가 나니? 너 정말 이상하다. 싫으면 그냥 싫다고 하면 되잖아."
"내가 싫다고 했잖아. 그런데 네가 계속 따졌잖아."

이런 시나리오가 되지 않으려면 개인적인 방침만큼 확실한 방법이 없다. 그 말은 신비롭고, 사람들을 다소 불편하게 만들어 대화를 중단시키는 속성이 있다. 더는 토를 달지 못하게 한다.
개인적인 방침을 개발하는 것이 더 좋은 이유는 그것이 우리 자신의 방침이기 때문에 원할 때마다 수정하거나 유예할 수 있다는 점이다. 그리고 아무도 그 방침을 가지고 논쟁하고 싶어 하지 않는다는 것이다. 그 사람들도 우리의 기분을 상하게 할까 염려하기 때문이다.

☑ 방 안의 작은 코끼리

우리는 지금까지 아주 잘해 왔다. 그렇지 않은가? 머리가 지끈거리는 시각화 작업도 했고, 감정과 의견의 차이도 배웠다. 다른 사람이 어떻게 생각하든 신경을 끄는 기술도 연마했으며, 신경 쓰기 예산도 자세히 검토했고, 개인적인 방침의 내막도 알아냈다. 이제 나는 인생이 빛나는 마법이 여러분 안에 자리 잡아가고 있음을 느낄 수 있다.

이것은 이제 직구에서 변화구를 던질 차례가 되었다는 뜻이다.

신경 끄기가 쉽지는 않다. 이론은 간단하지만, 항상 변수가 생기고 생각처럼 간단하지 않다. 그러므로 우리는 목록을 작성하고, 연습용 시나리오와 관련 개념들을 살펴보며 단단한 기초를 쌓아서 정말로 힘든 문제를 처리할 힘을 길러야 한다.

예를 들면 어린이들 문제다.

친구, 지인, 모르는 사람들은 끊임없이 아이들을 데려온다. 우리의 조카, 자녀, 손자 손녀를 말하는 것이 아니다. 그들은 모두 4번 카테고리 '가족'에 포함된다. 그들은 완전히 다른 부류다. 여기서는 우리와 관련이 없는 어린이에 대해 어떻게 하면 합리적인 수준에서 신경을 끌 만한 요소들을 파악할까 하는 문제에 집중하고자 한다.

사람들은 자기 자녀에 대해서는 너무도 특별하고 본능적인, 때로는 비이성적인 감정을 갖는다. 그래서 아기의 생일 파티에 신경을 쓰지 않으려는 우리의 행동이 그 부모의 감정을 상하게 할지, 아니면 의견의 차이를 받아들이고 우리를 자유롭게 해 줄지 정확히 예측하기 어려울 수도 있다.

그렇다고 일요일 아침 9시부터 일어나 두 살짜리 어린애가 얼굴에 케이크 바른 모습을 보러 가는 데 신경 쓰고 싶지 않다는 분명한 사실이 바뀌지는 않는다. 여러분은 아직도 신경 끄기로 나아가기를 두려워하고 있을지 모른다. 그래서 내가 이 책을 쓴 것이다.

이미 짐작했을 테지만 나는 아이들에게 매력을 느끼지 못하는 사람이다. 아이들을 별로 예뻐하지 않는다. 그러니 남의 아이에게는 오죽할까. 그런데도 부모들은 앉기만 하면 아이 얘기를 한다. 심지어 부모들은 와인 몇 병만 마시면 아이가 없는 친구에게도 자기 아이 때문에 생기는 여러 가지 이야기들을 털어놓곤 한다. 상대방이 듣고 싶어 하든 말든.

그런데 나는 사실 부모들은 자기 아이가 아니면 다른 아이들에 대해서는 별 관심이 없고 신경 쓰지 않는다는 사실을 알고 있다. 어느 어머니는 이렇게 말했다.

"정말로 신경 쓸 일들을 깔때기로 흘려보내는 것 같아요. 내 모든 신경 쓰기 항목은 내 아이에게로 향해 있어요. 남들이나, 남들이 무엇에 신경을 쓰는지에 관심을 가질 여지가 조금도 남아 있지 않네요."

맞다. 내 아이에게 신경 쓰다 보면 다른 것에는 신경을 쓸 여력이 없다. 그러니 남의 아이들에게는 신경을 꺼도 좋다.

이 책에 모든 사람의 인생을 빛내 줄 적절한 수준의 마법을 담기 위해 나는 전국의 부모들을 조사했다. 그들이 무엇에 신경을 쓰고 무엇에 신경을 쓰지 않으며 그리고 그 이유는 무엇인지 알아보기 위해서였다. 결과는 확실한 깨달음을 주었다. 나는 부모들이 아이의 소변보기나 고무젖꼭지에 신경을 쓰지 않는다고 이야기하면서도 아이를 가지는 일이 대부분 보람 있고 신경 쓸 만하다는 말을 덧붙였다는 사실에 굉장한 카타르시스를 느꼈다.

바로 그것이 열쇠다. 자신의 작은 분신과 책을 보거나 요리하고 놀이를 하는 등 자신을 행복하게 하는 일들에 신경 쓰기, 그리고 나머지에는 신경 끄기.

아이를 키우는 일 자체가 실제로 직장 같은 삶의 다른 영역에서 신경 쓰기의 우선순위를 잘 정하게 해 준다고 했던 한 엄마의 말이 가장 현실적인 조언일 것이다. 새로 태어난 아기가 때로는 야근을 하고 추가로 책임을 떠맡고, 회사 소프트볼 팀에 대타로 나가는 일에 최종적으로 신경을 끄게 하는 촉매제가 되기도 한다. 아이 덕분에 관리자와 직원들 모두와 분명한 경계선을 긋게 되고 하루 동안 처리할 수 있는 일들에 대해 확고한 태도를 보인다. 달리 말하면 그 소중한 존재, 즉 아이가 2번 카테고리 '일'에서 제끼기 방법을 채택하게 하는 첫 단계가 된다.

☑ 때로는 다른 사람의 감정을
  상하게 해도 괜찮다

너무 그렇게 놀라지 마시길. 사실 지금까지 내가 끊임없이 다른 사람의 감정을 신경 쓰기의 판단 기준으로 삼은 것이 사실이다. 더욱이 제끼기 방법의 2단계인 신경 끄기를 적용할 때는 타인의 감정을 고려해야 하며, 거절할 때도 솔직함과 예의를 갖추어야 한다고도 했다.

하지만 3번 카테고리 가끔 만나는 지인을 포함하여 '모르는 사람들'에 대해서는 이야기가 달라질 수 있다. 최선의 삶을 추구하는 과정에서 때로는 타인의 감정을 걱정할 수 없는 순간이 오기도 하기 때문이다.

인생의 진정 중요한 부분을 위해 신경을 아껴 둔다는 것은 바람직한 방향으로 나아가는 과정이다. 그것은 일상에서 일어나는 일들을 바탕으로 신경 쓰기 항목의 우선순위를 정하는 일이다. 그리고 때로는 모르는 사람의 감정을 상하게 하는 일이 중요도 면에서 낮은 단계에 속할 수도 있다.

인터넷에서 모르는 사람들에게 별것 아닌 이유로 모욕적인 말을 올려도 된다는 뜻이 아니다. 거리에서 살짝 스치듯 부딪힌 사람에게 욕을 해도 된다는 뜻은 더욱 아니다. 그것은 인생이 빛나는 마법이 아니고

천박한 막가파의 행동일 뿐이다.

하지만 언젠가, 어느 날, 마음속 깊이, 여러분은 신경 끄기 과정에서 누군가의 감정을 상하게 해도 괜찮은 때가 언제인지 알게 될 것이다. 경제학자들은 그것을 기회비용이라 부르고 나는 그것을 상식이라 부른다.

신경 끄기 과정에서 누군가의 감정을 상하게 해도 괜찮은
몇 가지 시나리오

`.✦. 누군가 개종하라고 문을 두드릴 때

면전에서 문을 닫아도 괜찮다. 정말 괜찮다. '예의'라는 말에 집착하지 말자.

`.✦. 카페에서 줄 서 있는데 앞사람이 마음을 정하지 못하고 한참을 망설이고 있을 때

그런 경우라면 이렇게 말해도 된다. "혹시 근시인가요? 제가 메뉴 전체를 읽어 드릴게요. 그게 댁이 결정 내리기를 기다리면서 보내는 시간보다 오래 걸리지는 않을 것 같네요."

`.✦. 코미디 클럽의 공연자가 완전히 재미없는 사람일 때

예의를 지키는 것과 20분간 맥 빠진 농담을 들으며 더 맥 빠진 맥주

를 억지로 마시는 것은 전혀 다른 문제다. 공연자는 이 분야를 직업으로 선택한 사람이라서 웬만한 일에는 기분이 상하지 않아야 마땅하다. 재미없다면 그냥 뒤도 돌아보지 말고 걸어 나가자.

∵✦ 다른 여자가 변기 시트에 소변을 묻혔을 때

이런 괴상한 사람들은 망신을 당해야 한다. 내 신경 쓰기 예산에는 공중화장실 변기에 앉기 전에 조심스럽게 소변을 닦아 내는 시간은 들어 있지 않다. 그런 경우라면 나는 술집, 극장, 회의장 등에 그 사람을 따라 들어가 가차 없이 지적하겠다. 꼭 그럴 거다.

∵✦ 누군가 비행기 좌석을 자꾸 기울여 내 무릎에 닿을 때

"이봐요, 댁이 내 공간을 침범하지 않는다면 나도 댁의 개인적인 공간에 신경을 끌 거예요. 계속 그런다면 여러분의 기분을 상하게 하지는 못하더라도 뒤에서 힘닿는 한 오랫동안 발길질을 하겠어요."

자, 다시 한번 바닥에 앉아 정신의 헛간을 뒤져서 자신만의 목록을 만들어 보자.

내가 신경을 쓰거나 신경 쓰지 않을 친구, 지인,

모르는 사람 관련 문제

☑ 그래서…… 친구가 남아 있기는 한가?

우리는 지금까지 마음을 쓰지 않는 본질적인 부분으로 들어가기 위해 얼마 동안 부정적인 영역에 머물렀다. 신경 쓰기 목록들을 만들고, 신경 쓰기 예산을 초과하게 하는 항목을 지우는 작업의 목표는 가치 있는 것들을 찾아내는 것이다. 가치 있는 관계에만 신경 쓰고, 추구할 만한 일에 대해서만 더 많은 시간과 정서적인 공간을 확보하는 것이다. 그것이 바로 인생을 빛나게 하는 마법이다.

가족

드디어 도착했다.

어디서부터 시작할까? 가족은 마치 국세청처럼 나의 시간과 에너지를 빼앗기 위해 존재하는 것이 아닐까 생각될 때가 있다. 가족들, 온 갖 단체 사진, 결혼식, 성인식, 세례식, 생일 파티, 함께 가는 휴가, 다른 정치 성향의 삼촌들, 형제간의 경쟁, 드라마 같은 상황, 나쁜 감정 등이 끊임없이 매일같이 신경을 쓰이게 한다.

수입의 일정한 비율이 어떤 사람들이 보기에는 지나칠 만큼 자동으로 세금으로 들어가듯이 일정한 비율의 신경 쓰기 항목이 곧장 가족에게 배당된다. 게다가 어떻게든 신경 쓰기 혹은 신경 끄기의 결과가 물건, 일, 친구/지인/모르는 사람들 카테고리에서 파생된 것보다 중요하고도 큰 파문을 일으킨다.

이유는 무엇일까? 한마디로 답을 주겠다. 바로 의무감과 죄책감이다. 일단 의무감과 죄책감을 느끼면 신경 끄기 면에서는 이미 실패다. 게임 끝이다. 의무감과 죄책감을 느낀다면 신경 끄기는 물론이고, 그 과정에서 더 행복해지기 위해 내가 지금까지 알려 준 수단과 관점을 효과적으로 적용하는 게 불가능해지기 때문이다.

의무감과 죄책감은 행복한 감정이 아니다. 그것은 마치 사타구니 부분에 갑자기 심한 가려움증을 느꼈으나 사람들로 둘러싸여 손을 넣어 긁지 못하는, 죽을 지경인 상황과 같다. 의무감과 죄책감은 그런 느낌을 준다. 신경 끄기의 결과는 항상 더 큰 기쁨과 만족과 행복이어야 한다. 사타구니의 가려움증이 되어서는 안 된다.

그래서 제끼기 방법을 공부하고 가능한 모든 수단을 써서 가족의 의무감과 죄책감 기계의 플러그를 빼놓는 것이 더욱 중요하다. 영화 『파고』에서 살인마가 톱밥제조기로 사체를 훼손한 것처럼 그 기계가 여러분을 쏙 빨아들였다 뱉어내기 전에 하루빨리 조처하자.

이 책의 앞부분에서 나는 의무가 어떻게 가족과 관계있는지 조금 이야기했다. 가족 구성원들은 유전자를 공유하기 때문에 서로의 삶에 신경을 써야 한다고 생각하는 경향이 있다.

잠시만 생각을 해 보자. 그게 말이나 되는가? 절대 말이 안 된다.

신경 쓰기의 중심 원칙은 의무를 넘어선 선택이다. 우리에게 주어진 관계, 과제, 상품, 혹은 행사의 즐거움을 극대화하기 위해 자신의 시간, 에너지, 돈을 쓰는 방식을 선택해야 한다. 자신이 통제 가능한 것과 통제 불가능한 것 사이의 대결이다.

우리 모두 알다시피 사람들은 가족을 선택하지 못한다. 그러니 최소한 그들과 어떻게, 어떤 이유로 상호작용할 것인지는 선택해야 한다. 자, 이제 지뢰밭으로 들어가 보자.

☑ 찻잔이 그냥 찻잔이 아닐 때

예를 하나 들어 보자. 어머니가 자기 어머니, 즉 외할머니의 로열 하이델베르크 도자기를 여러분에게 넘기려고 한다. 여러분이 그것을 좋아하고 잘 간직했다가 부모님이 오시면 꺼내 사용할 사람이라고 생각하기 때문이다. 그런데 사실 어머니는 여러분이 하는 모든 일과 말에 신경을 쓰고 있고 많은 영향을 받고 있다. 만일 여러분이 어머니가 주는 선물을 거부하면 어머니는 감정 상할 것이고 상처를 받을 것이다. 이것은 거의 확실하다.

그렇다면 어머니에 대해서는 '의견 대 감정'을 구분하는 원칙을 버려야 할까?

하지만 대대로 내려온 도자기를 관리하는 것이 비록 어머니의 의견이라고 해도 어머니는 그 의견을 본인의 모친에 대한 감정과 구분하지 못한다. 외할머니는 돌아가셔서 여러분이 그 찻잔을 소유하는지, 잘 간직하는지 알지도 못한다. 하지만 여러분은 머릿속에서 여러 가지 시나리오를 가동하여 아무리 솔직하고 엄청나게 예의를 차려 말을 해도 거절하면 어머니가 상처를 받을 테니 어쩔 수 없다고 판단할 것이다. 어머니 기분을 맞추려고 찻잔에 신경 쓰는 척해야 한다고 결론 내린다. 이런 겉치레 인사는 가족 간에 흔히 겪는 일이다. 의무감과 죄책감 때문에 그냥 단념하고 굴복하는 일이 많다.

하지만 대안이 있다.

물론 이 방법도 가족에 대한 모든 의무감과 죄책감을 면제해 준다고 확언할 수는 없다. 그러나 여러분이 가족의 어떤 부분에 진정으로 신경을 써야 하는지 혹은 타협을 통해 신경을 꺼야 하는지 판단하게 도와줄 수는 있다. 가족의 일이라면 그냥 기분을 맞춰 주고 신경을 써야 하지만 때로는 여기에도 신경 쓰기 항목을 재조정할 필요가 있다. 기억하자. 여러분도 가족의 일원으로서 행복해질 자격이 있다는 것을.

☑ 신경 끄기 베스트 6

가족과 관련하여 신경을 끄는 부분에서는 많은 사람이 동일한 부분을 선택했다. '신경 끄기'를 원하는 목록 중 상위에 있는 가족 문제를 알아보는 설문조사를 했는데 겹치는 응답이 상당히 많이 쏟아져 나와 깜짝 놀랐다. 내가 이미 가족은 지뢰밭이라고 하지 않았던가!

잠시 우리 모두가 좋아하는 토크쇼를 해 보자. 엄마들이 출연해서 진행자와 불편하고 살짝 외설적인 방송용 농담을 하는 토크쇼…… 가족이 너무해!

설문조사의 질문은 "가족에 관한 일 가운데 신경 끄고 싶은 것을 적어 주세요."였다. 최상위 6개의 결과를 낮은 순위부터 소개해 보겠다.

6 피를 나누었다는 사실.
가족은 나를 설득할 때 혈통 문제를 들고 나온다.

약 5분 전에 단지 어떤 사람과 유전적인 연관성이 있다는 이유로 어떤 사람이나 일에 신경을 쓰는 것은 전혀 말이 안 된다고 엄숙히 선언했다. 자녀들이야 세상에 내놓은 책임이 있으니 일종의 빚을 졌다 생각하여 적어도 그들이 자기 울타리를 칠 만큼 성장할 때까지는 예외로 하지만, 다른 가족들에게는 이런 식으로 신경 쓸 의무가 없다. 이제 많은 사람이 이미 그 사실을 알고 있으니 어느 정도는 희망이 보인다.

⑤ 의무적인 화목함_ 모든 가족 구성원을 좋아하기

우리 각자는 예쁘디예쁜 눈송이다. 정확히 같은 모양은 하나도 없다. 심지어 일란성 쌍둥이조차도 생김새가 다르고 취향이 다르다. 그런데 노대체 어떻게 서로를 항상 좋아하고 끊임없이 잘 어울리기만 하겠는가? 형제간, 사촌 간, 손녀 손자 간에 화목하면 좋겠지만 그렇지 않을 수도 있다. 각자 개성이 다르고 생각이 다르고 원하는 것이 다르다. 모두를 좋아할 수만은 없다. 의무적인 화목한 분위기를 강요하는 것은 완전히 잘못된 생각이다.

④ 단체 사진

나는 이 항목이 그렇게 높은 순위를 차지할 거라고 예상하지 못했다. 가족과 단체 사진을 찍기 싫어하는 사람들이 점점 많아진다는 이야기다. 요즘은 사진 자체에 신경 쓰는 사람이 줄어들고 있다. 내일이면 페이스북에 사진이 뜨고 의무적으로 '좋아요.' 버튼을 클릭하겠지만 다들 금세 잊어버린다. 이제 우리는 금요일 밤에 마티니를 마시며 가족 앨범을 지그시 들여다보면서 그 시간을 추억하는 시간을 보내는 그런 세상에 살고 있지 않다.

아무도 기습 공격 같은, 혹은 판에 박힌 것 같은 촬영을 좋아하지 않는다. 단체 사진 찍는 것을 근본적으로 싫어하는 이유는 많은 응답자가 지적했듯이 사진을 마지막 순간에 그리고 억지로 비슷한 옷을 입고 찍는다는 점과도 관련이 있다. 이제 사람들은 우스꽝스러운 차림으로 서로 비슷하게 보이고 싶어 하지 않는다.

이 역시 숫자 게임이다. 만일 가족 구성원 중 다수가 단체 사진을 찍고 싶어 하지 않는다면 대범하게 모두가 신경을 꺼야 한다. 다수결의 원칙으로!

③ 케케묵은 나쁜 감정의 역사

형제간의 경쟁, 불편한 감정, 사소한 논쟁, 그리고 드라마 같은 상황!은 마치 유명 요리사의 감자 샐러드 요리법처럼 너무 많이 등장했다. 누가 무슨 말을 했고, 누구 잘못이며, 혹은 엄마가 누구를 편애하는지……. 하지만 이제는 누구도 그 옛날 옛적 일을 듣고 싶어 하지 않는다. 다들 관심도 없이 흘려듣는다. 아무도 신경 쓰지 않는 것이 분명하다.

② 구식 명절이나 기타 가족의 전통

가족의 범위가 커지고 친척들이 하나둘 세상을 뜨면 어떤 전통은 중단되기 마련이다. 그러나 대다수 사람은 명절, 휴가, 생일, 제사 등 집안 모임과 관련된 연례행사와 시대에 뒤떨어진 의례를 치르느라 많은 시간을 쓴다. 같은 하루가 수도 없이 반복되는 영화 『사랑의 블랙홀』 안에 갇혀 버리고 만다. 추수감사절은 차라리 신경 쓰기 명절이라고 이름을 고쳐야 할 정도다. 크리스마스, 부활절, 석탄일 같은 종교적인 날들은 의무사항이 두 배로 많아져서 신경 쓸 거리가 두 배가 된다.

아버지가 1986년 이후 매년 5월이면 빌렸던 시골 오두막은 어떤가? 30년이 지나 이제 그곳은 너무 낡아서 더는 가고 싶지 않을 것이다. 거기서 또 휴가를 보내느니 병원에 가서 파상풍 예방주사나 맞는 게 나을 것 같다. 그동안 가족들이 매년 어떤 일을 해 왔다고 해서 계속, 세상 끝날 때까지 그 일을 해야 하는 것은 아니다. 솔직함과 예의를 갖추어 의견의 차이를 공손하게 전달하면 놀라운 변화가 생길 수 있다. 시골 오두막에도 개인적인 방침을 적용하자.

끝으로 "가족에 관한 일 가운데 신경 끄고 싶은 것을 적어 주세요."에 대한 응답 중 1위를 소개한다. 두 가지가 동점을 기록했다.

1 종교적 차이와 정치적 차이

설문조사에 응답한 사람들이 이 두 가지 이데올로기의 수렁을 수도 없이 언급했다는 사실은 각각의 문제를 제끼기 방법으로 다룰 만하다는 뜻이다.

우선 종교부터 시작하자. 마치 귀신 퇴치와도 같을 것이다. 신경 퇴치라고 부를 수도 있겠다.

종교를 강요하지 마세요

제끼기 방법의 제일 첫 번째 요소로 돌아가는 전형적인 경우다. 바로 다른 사람들이 어떻게 생각하는지에 대해 신경을 끄기로 정하는 것이다. 우리의 종교적인 관점은 오직 우리 자신에게만 영향을 미친다. 의견 차이에 대해 솔직하고 예의 바른 태도로 가족들끼리 종교를 주제로 이야기하지 말자고, 종교를 강요하지 말아 달라고 한다고 해서 막가파가 되지는 않는다. 우리는 합리적으로 얘기했을 뿐이고, 그 일로 누군가 감정이 상한다 해도 그건 우리 잘못이 아니다.

로빈 윌리엄스가 영화 『굿 윌 헌팅Good Will Hunting』에서 했던 치료법을 적용하자.

네 잘못이 아니야.

네 잘못이 아니야.

그건 네 잘못이 아니야.

솔직함의 힘은 우리가 생각하는 것보다 더 대단하다. 돌려 말하려고 하면 얼마나 '더' 신경을 써야 하는지 말도 못 한다. 그냥 감정과 의견을 솔직하게 말하자.

문제는 우리가 의무감, 수치심, 죄책감의 소용돌이에 휩쓸려 이 방법을 시도도 해 보지 않은 데에 있다. 고작 언쟁을 피하고자 종교적인 신념에 대해 이러쿵저러쿵 늘어놓는 것을 듣는 데에 귀중한 시간을 허비할 것인가? 솔직하게 종교적인 이야기는 그만했으면 좋겠다는 속마음을 그대로 이야기하는 것이 좋지 않을까?

거부 표를 던지자!

개인적인 이야기를 해야겠다. 내가 제끼기 방법을 얼마나 신뢰하는지, 그리고 실제로 어떻게 효과가 있었는지 보여 주는 일화다. 가족을 보호하기 위해 이름을 바꾸었지만 상황은 100% 실제 이야기다.

미련 없이 제끼기 방법은 최상의 삶을 사는 것과 관련이 있다. 그리고 내가 그들의 정반대 입장에 설 의도가 없는 것처럼 그들도 나의 정치적인 관점의 정반대 쪽에 설 의도가 없을 것이고 그럴 필요도 없다. 선거와 달리 모두가 승자다.

어느 날 저녁, 남편과 나는 친척 두 사람과 저녁 식사를 즐기고 있었는데 당시 대통령이 화제에 올랐다. 그때 갑자기 대통령의 출생증명서 진위가 무엇보다 중요한 것이 되어 버렸다. 아무래도 이 대화는 긴 논쟁으로 바뀔 것 같았다. 나는 친척 두 사람의 눈을 똑바로 보며 말했다.

"딕, 제인, 두 사람의 의견을 존중하지만 이 대화는 그만 해요."

그러고는 남편을 보며 말했다.

"진심이야."

남편은 나와 정치적 관점이 같지만 내가 보기에는 그날 필요 이상으로 말이 많은 것 같았다.

감정이 상한 사람은 아무도 없었다. 우리는 화제를 바꾸고는 먹고 마시고 깔깔거리며 천천히 밤 시간을 보냈다. 가족 간의 식사 시간은 그래야 한다. 신경 쓰기 예산을 적절하게 배분하면 그렇게 될 수 있다.

하지만 모든 것이 눈물바다로 끝난다면 어떻게 하나?

솔직하고 예의 바른 태도의 중요성을 강조하는 것은 미련 없이 제끼기 방법을 좋은 의도로 쓰면 통계적으로 눈물을 자아내는 상황이 일어날 가능성이 줄어들기 때문이다.

물론 일이 잘못될 가능성은 언제나 있다. 하지만 가족 구성원들 간의 갈등이 줄고 상호 존중이 자리 잡는 완전히 새로운 단계로 나아갈 가능성이 더 크다.

만일 가족 중에 히스테리를 부리는 울보들이 많다면, 정말로 계속해서 그런 사람들 집에 초대받아 가고 싶은가?

☑ 부끄러워할 것 없다

수치심은 외로움과 소외감을 일으키며 결과적으로 죄책감을 부른다. 다른 사람들도 우리와 크게 다르지 않다는 점을 알려 주기 위해 내 조사 결과를 제공하려 한다. 나를 모르는 세계 여러 나라의 사람들까지도 내 설문을 받고 결정적인 가족 문제들에 대해 신경을 끈 이야기를 공유했다.

이것은 삼촌이 크리스마스 햄 요리를 앞에 놓고 연설을 늘어놓는다거나, 사촌 언니가 결혼식 전날 온 가족이 모여 식사할 때 유대교 신비주의에서 사용하는 팔찌를 모두 다 착용하게 하면 다른 식구들이 열받을 가능성이 무척 크다는 뜻이다.

남들도 어떤 사안에 대해 똑같이 느끼고 생각한다면, 신경을 끄기로 한 우리의 결정을 부끄러워할 필요가 없다. 숫자가 많으면 안전하다. 공감대의 힘을 활용하면 신경을 끌 때가 언제인지 더 잘 결정할 수 있고 당당하게 앞으로 나아갈 수 있다.

☑ 명절: 개인적인 방침

남편과 나는 명절에 관련된 방침을 만들었는데, 아주 효과가 좋았다. 이 방침을 그대로 가져다 쓰거나 자신에게 맞는 방향으로 좀 더 쓸모 있게 수정해 보면 어떨까?

우리는 명절이면 매년 세 집안의 사람들을 만나야 했다. 하지만 판타지 드라마 속 주인공처럼 동시에 세 장소에 머물 수는 없었고, 게다가 어느 한 집을 편애하고 싶지 않았다. 그래서 9년 전, 가족들에게 각 집안을 3년 주기로 번갈아 방문하겠다고 말했다. 그 후 방침 그대로 우리는 각 그룹과 예외 없이 정해진 순서대로 명절을 보냈다.

한번은 마리 고모가 성대한 생일 파티를 한다고 연락을 해 왔다. 사촌들이 8명의 인원을 채우면 아주 저렴하고 좋은 조건으로 유람선 여행을 갈 수 있으니 사람 수를 맞추기 위해서도 꼭 같이 가자고 했다. 누군가에게 새 여자 친구가 생겼으니 꼭 만나 봐야 한다고도 했다.

하지만 그런 이유로 겹치기 약속을 하지 않았다. 그래서 그 여자 친구를 다음번 우리가 만날 때까지 사귀고 있다면 그때 만나 보겠다고 했다. 심지어 나는 시댁에서 명절을 보내려고 같은 기간에 열린 고교 동문회도 건너뛰었다.

너무 고지식한가? 맞다. 그러나 감정이 상한 사람은 아무도 없었다. 그것이야말로 진정으로 감사할 일이다.

우리는 신경 쓸 확률이 높은 것들을 분류한 네 가지 카테고리의 끝부분에 이르렀다. 내가 일을 제대로 했다면 여러분은 이미 인생이 빛나는 마법을 누리고 있을 것이다. 아니면 최소한 인생에서 원하는 것을 얻는 새로운 수단과 전략을 접하고, 다른 사람들도 여러분과 마찬가지로 같은 것을 원한다는 것을 알고 기분이 편안해졌을 것이다.

하지만 가족에 대한 이야기를 마치기 전에 반드시 다루어야 할 하위 카테고리가 있다. 이것은 여러분이 신경을 끌 수 없도록 계속 유혹하고 압박을 가할 것이다. 자기에게 주목하라고 요구도 할 것이다.

☑ 시댁이나 처가

내가 선택에 대해 한 말을 기억하시는지? 여러분이 중매결혼을 강요하는 문화권에서 태어나지 않았다면 아마도 스스로 배우자를 선택했을 것이다. 그러나 시댁이나 처가 사람들을 선택할 수는 없다.

그렇다. 결혼하면 근본적으로 가족과 관련하여 신경 쓸 일이 두 배로 늘어난다. 보너스를 받고 '대박!'이라며 좋아하자마자 국세청에서 세금을 부과하는 '이 무슨 엿 같은 경우야?'가 되는 것이다.

시댁이나 처가 식구들은 기본적으로 패키지 상품이다. 실제 집으로 데려가고 싶은 것은 배우자뿐이지만 상점에서 추가로 다른 사람들을 무료 제공한 것이다. 일부는 자동차 뒷좌석 팔걸이에 컵 걸이가 달린 것처럼 특혜 같은 사람들이지만, 대부분의 다른 사람들은 그렇지 않을 것이다.

하지만 어느 집에서 태어나겠다고 선택할 수 없었던 것과 마찬가지로 우리도 그들을 선택할 수 없으니 운명처럼 받아들여야 한다. 모두를 공손하게 대하되 짜증은 최소화하고 기쁨은 극대화하는 기준으로 시댁이나 처가 사람들에게 신경 쓰기 항목을 배분해야 한다. 적절한 범위 안에서.

우리와 우리의 배우자가 신경 쓰기 자원의 총체적 양에 대해 동일하게 이해하고, 문제점을 나누어서 이 고난을 극복하기로 하면 확실히 도움이 된다.

예를 들어 집안사람이 결혼하고, 아기를 낳고, 나이 한 살이 더 들고, 혹은 졸업 입학 등의 선물을 해야 하는 중요한 일이 생겼을 때, 선물을 구하는 데 배분되는 시간과 돈과 에너지는 아마도 우리의 부담이 될 것이다. 하지만 그 선물을 배우자 쪽 집안의 누군가에게 주는 것이라면 배우자가 알아서 처리해야 한다.

이 문제를 피해 갈 방법은 없다. 새로운 가족 구성원을 얻으면 누구나 신경 쓰기 예산에 일상적으로 처리할 항목이 늘어날 것이다. 하지만 생각해 보면 그 사람들도 우리를 얻었다. 덕분에 우리의 종교적 가치관, 우리의 정치적인 관점, 우리의 명절 풍습, 단체 사진을 찍으려고 터틀넥 옷을 맞추어 입기를 싫어하는 우리의 성향을 접하게 된 것이다.

신경 끄기에 대해서는 생각보다 더 공통점이 많을 수도 있다. 따라서 시댁이나 처가에 관련하여 제끼기 방법을 실천함으로써, 모든 관련된 사람들에게 신경은 덜 쓰면서도 결과적으로 더 많은 행복과 화합을 가져오는 연쇄반응을 일으켜야 한다.

☑ 마지막 직선 코스

마지막으로 용감하게 정신의 헛간으로 들어가야 할 때가 왔다. 안에는 쌓여 있는 가족 관련 신경 쓰기 항목이 거미줄과 울화에 겹겹이 엉켜 있을 것이다. 참으로 안타까운 일이다. 가족에 관하여 신경 쓸 일들은 작년에 만든 크리스마스트리의 장식들처럼 6월에도 큰 자리를 차지하고 있다. 하지만 일단 먼지를 털어내고 그 몹쓸 것들을 밝은 곳으로 끌어내면 일이 거의 마무리된다.

그러니 마지막 목록을 만들고 의미 있게 활용하자!

내가 신경을 쓰거나 신경 쓰지 않을 가족 관련 문제

☑ 지우는 재미

이제 다 되었다. 지금까지 우리는 신경을 쓸지 말지 결정하는 방법을 배우고 그 방법을 써서 신경 쓸 확률이 높은 항목들을 관리 가능한 카테고리로 분류했다. 정신의 헛간에 당당히 들어가서 어두운 구석에 손전등을 비추어 이 책을 읽기 전부터 쌓아 두었던 신경 쓸 거리도 밝혀 보았다. 이제 제끼기 방법 1단계인 신경 쓰지 않을 항목 정하기는 이해가 잘될 것이다.

4개 카테고리에서 신경을 쓰거나 신경 쓰지 않을 것들의 목록을 공들여 작성해야 한다. 다리가 저릴 것이다. 하지만 다행히도 이제 우리가 재미있는 부분으로 넘어갈 수 있다. 이제 항목에 줄을 그어 지울 차례다.

이 과정에서 '신경 쓰기'란 우리의 시간, 에너지, 돈을 우리의 목록에 쓰는 것과 같다는 사실을 기억하자. 어떤 것을 지우고 거기에 신경을 끄면 다른 것들에 쓸 시간, 에너지, 돈이 더 늘어난다.

우선 커다란 검정 마커 펜이 필요하다. 검정 마커 펜으로 줄을 그어 지우는 일이 더없이 만족스럽기 때문이다.

그러고 나서 신경 쓰기 목록을 가지고 마지막으로 바닥에 앉는다. 바닥에 앉는다는 것은 정신의 헛간을 정리 정돈한다는 물리적인 표현이다. 그리고 어떤 신경 쓰기가 마음과 머리와 배에 기쁨이라는 감정을 일으키는지 혹은 짜증을 유발하는지 적는다.

가슴에 기분 좋은 설렘이 느껴지시는지? 기쁨! 그렇다면 마치 성경에서 죽음의 천사가 이스라엘 집안의 맏아들은 죽이지 않고 지나간 것처럼 여러분의 마커 펜이 이 항목을 건드리지 않고 넘어가게 하자.

가슴이 두근거리며 불안하고 메스꺼운가? 이런 항목은 모두 지워야 할 부분이다. 망설임 없이 지우자.

곤도 마리에는 옷이나 핸드백 등 각각의 물건을 버리기 전에 감사를 표하라고 조언한다. 하지만 신경 쓰기 목록에 있는 항목들은 감사를 받을 만하지 않다. 그렇지 않은가? 그 일들은 우리의 시간과 에너지와 돈을 지나치게 오랫동안 빼앗아 갔다.

내가 바라는 것은 다음과 같다. 검정 마커 펜이 짜증을 유발하는 항목들을 하나씩 지나치다가 멈춰서 앞으로 신경을 끄려는 항목에 결정적으로 줄을 그을 때 조용히, 의식을 거행하듯이 "꺼져!"라고 읊조리는 것이다. 단언컨대 속이 후련해지고 기분이 좋아질 것이다.

이제 우리는 2단계로 나아가 마법처럼 인생을 빛내 줄 보상을 받을 준비가 거의 완료되었다. 짧은 시간에 이렇게 발전한 모습을 보니 기쁘다. 하지만 여러분의 목록에서 지우지 않은 항목들은 어떤가? 그중에 재고하고 싶은 것은 없는가?

☑ 한두 번도 안 된다

어쩌면 '자주 있는 일도 아닌데 뭐. 그냥 신경 쓰고 안 좋은 결과를 피하는 게 더 속 편할 것 같아.'라고 생각하기 때문에 아직도 목록에 버티고 있는 일들이 있을 것이다.

내가 열심히 주장하고 알려 준 것들은 다 어디로 갔을까?

깨진 창문 이론이라는 개념을 살펴보자. 짜증을 유발하는 일들에 대해 좋든 싫든 계속해서 신경을 쓰다 보면 신경 써야 할 일들의 항목이 점점 더 늘어날 것이다. 쓸모없는 서류작업처럼 악순환이 계속될 것이다.

개인적인 방침이 어떻게 긍정적인 방법으로 전례를 남기는지 기억해보자. 신경 쓰기 역시 전례를 남긴다. 부정적인 면에서 말이다. 그리고 미래에 그 부분에 대해 신경을 끄는 일을 굉장히 어렵게 만든다.

이미 신경 쓰기 항목을 카테고리별로 분류하고 목록을 만들고 예산을 세우는 작업을 열심히 했는데 무엇 때문에 짜증을 유발하는 항목에 계속 신경 쓰기 자원을 쓰려고 하시는지? 일 년에 한두 번뿐이라는 이유만으로? 한두 번도 안 된다. 원칙을 지키자.

3부

신경 끄기

자 이제 우리는 신경 끄기의 정점에 도달했다.
정상에서 내려다보니 전망이 멋지지 않은가?

2부에서는 짜증을 유발하는지 기쁨을 주는지에 따라
신경 쓸 항목들을 질적으로 분류하는 법을 익혔다.
그런 다음 이것들이 '신경 쓰기 예산'에 넣을 만한 것인지 아닌지에 따라
양적으로 분류했다. 이어서 그러한 분류 작업에 쓰일 도구와 관점,
즉 감정, 의견, 진실성, 예의라는 요소들을 살펴보았다.

그렇게 해서 모든 목록을 작성하고 무엇을 신경 끌지도 결정했다.
아마도 마커 펜에 잉크가 떨어져서 새로 펜을 하나 더 사야 했을지도 모
르겠다. 진심으로 축하드린다. 상황은 앞으로 더 나아질 것이다.
왜냐하면 3부에서 정말로 '신경을 끄게' 될 테니까.

파이팅!

불안하다고? 걱정하지 마시라. 나도 처음엔 불안했다.

우선 신경을 끔으로써 얻을 이득을 모두 시각화해서 하나씩 떠올려 보자.
그러면 챔피언처럼 느긋한 마음으로 신경을 끌 준비가 될 것이다.

☑ 신경 쓰기 삼위일체: 시간, 에너지, 돈

시간, 에너지, 돈은 신경 쓰기를 그만둠으로써 얻는 것들이다. 2단계를 밟을 차례가 되었을 무엇보다 중요한 것은 이 세 가지를 마음에 새기는 일이다. 이런 이득들을 시각화하면 뇌 속에 엔도르핀이 분비된다. 그리고 엔도르핀은 마법을 부린다. 그러니 짬을 내어 2단계가 가져다줄 기쁨을 전부 생각해 보자.

시간

그저 한 시간의 여유, 느긋하게 때로는 게으름뱅이처럼 보내는 시간이 필요할 때가 있다. 천천히 목욕을 하고 발톱을 깎고 거울을 들여다보는 등 혼자만의 여유 시간. 이 시간은 가고 싶지 않은 모임에 한 번만 가지 않아도 가질 수 있는 여유이고 시간이다. 되찾은 시간을 맘껏 즐기자.

에너지

때로는 아무도 날 쳐다보는 사람이 없는 아침 6시에 헬스장에 가고 싶다. 누군가가 기획한 화요일 밤 10시의 술자리에 참석하는 데 신경을 끈다면 취하지 않은 말짱한 정신으로 휴식을 취한 뒤 수요일 아침에 상큼 발랄하게 타원형 운동기계와 만날 수 있다.

돈

때로는 너무나도 카리브 해로 휴가를 가고 싶은 나머지 그런 생각만 해도 반바지에서 모래가 떨어지는 것처럼 느껴진다. 도대체 왜 초대를 받았는지 이해가 되지 않는 학창시절 친구의 결혼식에 가는 데 신경을 끈다면 이 책을 읽기 전에는 친구 결혼식에 홀딱 써 버렸을 비용이 절약되어 휴가비가 좀 더 넉넉해질 것이다. 그것도 양심의 거리낌 없이!

다른 데 신경 끔으로써 개인적으로 얻은 것들

잠, 섹스, 이메일 없는 휴가
인터넷에 떠도는 고양이 관련 글과 동영상 덕분에 얻은 백과사전 수준의 지식
소파에 앉아 내가 좋아하는 베일리스 크림 위스키를 마시며 금요일 밤 보내기
자신감, 선탠
가끔 책 집필을 끝낼 시간, 에너지, 자유

이득을 시각화하는 또 다른 방법은 신경 *끄기* 목록에 올라 있는 항목들을 가져다 아래의 벤다이어그램에 대입시켜 보는 것이다. 이렇게 하면 시간, 에너지, 돈이 어디에 쓰이는지 그리고 그러한 부분에 신경을 끔으로써 무엇을 되찾는지 분명히 알게 된다.

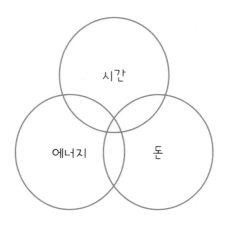

이 점을 명심하고 목록을 다시 살펴보자.

신경을 끄면 시간이 더 생기는 항목들 옆에다 작게 'T'라고 표시하자. 그런 다음 에너지(E)에 대해서도 그런 식으로 표시하고, 끝으로 돈(M)도 그렇게 표시하자.

일부 항목은 한 가지 범주 안에 들 테지만, 또 일부는 T+E, E+M 등 등 다양한 조합을 이룰 것이다. 만약 T+E+M의 교집합 한가운데 자리 잡은 것들에 신경을 끈다면 가장 완벽할 것이다. 맘껏 해방감을 누리자.

그러나 안타깝게도 이런 항목들은 다른 사람들의 감정과 의견에 가장 많은 영향을 주는 부분일 것이다. 동시에 이 항목들은 우리의 신경 쓰기 예산과 가장 밀접하게 연관되어 있기도 하다. 이것들 때문에 개인적으로 약간의 방침을 세우거나, 무(無)매너 막가파라는 낙인이 찍힐 것을 각오하고 단호한 결정을 내려야 할 수도 있다.

하지만 그런 문제는 해결된다.

69쪽에 소개한 '내가 신경 쓰지 않는 열 가지'에 관한 다이어그램 최종본은 다음과 같다.

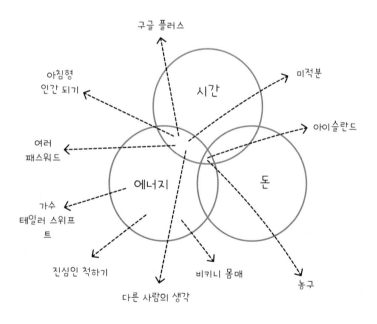

보다시피 내 다이어그램에서는 시간, 에너지 문제가 큰 비중을 차지하고 돈의 비중은 적다. 그도 그럴 것이 나는 시간은 한정된 자원이고, 에너지는 알맞은 상황에서 어느 정도 재생 가능하며, 돈은 언제고 더 벌 수 있다고 생각하기 때문이다.

방금 최저 임금을 받고 숨이 턱 막히는 기분인 사람이라면, 돈이 없어서 기초생활도 제대로 못 하는 사람이라면 이 말에 욱할 수도 있을 것이다. 하지만 그냥 내 경우에는 태어나 첫 숨을 쉰 순간부터 줄어들기 시작한 시간에 비해 돈은 적어도 더 벌거나 필요에 따라 빌릴 가능성이 있다는 뜻이라는 것을 이해해 주기 바란다. 돈은 빌릴 수 있지만 시간을 빌릴 수는 없다.

하지만 사람마다 가치관과 취향이 다른 법이다. 누구에게는 시간이 가장 우위일 수 있고, 누구에게는 에너지가, 또 누구에게는 돈이 가장 우위일 수 있다. 이 훈련을 할 때 어떤 자원이 더 소중한지는 사실 문제가 되지 않는다. 이런 자원들의 소중함을 깨닫는 법을 익히는 것이 중요하다.

우리의 다이어그램이 어떤 순열로 섞이든 본인에게 가장 소중한 카테고리에 드는 항목들에 주목하면 2단계에 큰 도움이 될 것이다. 그리하여 이제부터 시간, 에너지, 돈을 되찾을 수 있다.

무슨 소리가 들리시는지? 바로 엔도르핀이 속삭이는 소리다. 엔도르핀이 우리에게 아주 잘하고 있다고 속삭인다.

☑ 아장아장 걸음마 단계

신경 *끄기*는 텔레마케터의 전화를 끊어 버리거나, 생일에 병가를 내거나, 아침 7시에 배관수리공이 온다고 세수하고 머리를 감는 대신 그냥 야구 모자를 눌러 쓰는 것처럼 쉬운 일일 수도 있다.

하지만 각자 신경 쓰기 항목들을 만들고 그 많던 신경 쓸 일을 없애기로 하는 것이 아무리 신이 난다 하더라도 다른 대안이 없을 때 2단계는 종종 김이 빠진다. 무선통신 라디오와 낙천적 미소만 갖춘 채 망망대해에서 표류하는 상태가 되었을 때는 말 그대로 다시 뛰어들기를 권한다.

이 말은 신경 쓰기 목록에서 오직 자신에게만 영향을 미치는 항목들을 아주 찬찬히 다시 살펴보자는 뜻이다. 이렇게 하면 엄청나게 불편할 수 있는 다른 사람들의 감정과 정면으로 부딪치기 전에 일단 2단계에 익숙해지고 편안해질 수 있다.

어쩌면 예의를 차릴 필요조차 없을 것이다. 사실 솔직하기만 하면 된다. 누구에게? 바로 자기 자신에게.

☑ 황색경보: 초보 수준 신경 끄기

'✦. 페이스북 친구가 끊임없이 올리는 사진에 신경 끄기

'언팔로우(unfollow)'가 지금까지 개발된 신경 끄기 방법 중 가장 쉬운 편에 속한다. '친구 끊기(unfriend)'처럼 대립 상태가 될 우려가 없고 이점만 가득하다. 더 이상 예의상 누르는 '좋아요.'의 늪에서 헤매지 말자.

'✦. 주름살에 신경 끄기

로션과 세럼을 사느라 돈 쓰지 말고, 얼굴에 화장품 바르느라 시간 쓰지 말고, 눈에 띄는 주름살 걱정하느라 에너지를 쓰지 말자. 노화는 자연스러운 것이다.

'✦. 주식 시장 이해하는 데 신경 끄기

만찬 파티에서 교양 있어 보이려고 「월 스트리트 저널」을 읽으며 머리를 쥐어뜯지 말자. 그냥 투자 자문을 하나 구하면 된다. 실력 있는 사람들은 돈을 많이 벌어 주기 때문에 본전은 건질 수 있다. 차라리 그

시간에 스스로 진정 의미 있는 것을 하나 골라 전문가가 되는 게 좋다. 말하자면 소량으로 제조하는 버번위스키 같은 것의 전문가가 되는 건 어떨지? 그리고 남들 앞에서 주식 정보 자랑하는 일은 다른 누군가에게 넘겨주자.

☑ 주황색 경보: 중급 수준 신경 끄기

이번에는 시간, 에너지, 돈주머니를 부당하게 고갈시키는 신경 쓰기 항목들을 만날 차례다. 이 항목들은 남들에게 영향을 미칠 수 있어서 상대의 의견이나 감정을 고려해서 접근해야 하지만, 어쨌든 객관적으로는 우리 자신의 문제는 아니다.

˙✦˙ 친구가 이삿짐 나르는 걸 도와 달라는 부탁에 신경 끄기

"이삿짐센터 직원들한테 부탁하지 왜 나한테?"라는 식의 돌직구는 이 상황에서 최고의 방법이 아닐 수 있다. 대충 업무 핑계를 대거나 다른 약속이 있다고 예의 바르게 꽁무니를 뺄 수 있어야 한다.

˙✦˙ 직장에서 시너지 효과를 고취시키는 데 신경 끄기

처음에는 이 문제로 직장 상사에게 불려가지나 않을까 걱정도 되겠지만 장담하건대 그런 일은 없을 것이다. '시너지'라는 것은 양으로 측정하기 힘들며, 우리가 신경을 덜 쓴다고 해서 상황이 바뀌지도 않는다. 자신에게 이로운 뭔가를 위해 창조적인 에너지를 비축해 두자.

·✦· 직장 동료의 출산에 신경 끄기

이 일은 사무실에서 동료들이 돌리는 출산 준비용품 선물 봉투에 돈을 넣지 않는 것처럼 쉽다. 남들이 짠돌이, 짠순이라고 생각할까 걱정되시는가? 25쪽을 참고하라.

☑ 적색경보: 가장 어려운 신경 끄기

이번 항목들의 경우에는 온갖 수단이 다 필요할 것이고, 게다가 상당히 침착해야 하며, 어쩌면 자신만의 한두 가지 방침을 세워야 할 것이다. 여기에는 타인이 개입하며, 상대의 감정을 상하게 하거나 막가파 소리를 들을 확률이 매우 높고, 종종 사회적으로 용납되지도 않는 일일 수도 있다. 바로 이런 항목들 때문에 '제끼기 방법'이 만들어진 것이다. 각오를 단단히 하자.

✦ 친척의 결혼, 졸업, 기타 유사한 행사에 신경 끄기
이러한 행사들은 대체로 상당 시일 앞서 계획된다. 그래서 여러분이 걸려드는 것이다. 이런 경우에는 시각화 훈련을 권한다. 어떤 결과가 초래될지도 모르는 채 태평스럽게 초대를 수락했다고 치자. 그날 어떤 기분이 들지 생각해 보라. 아니 그 전날 밤 피츠버그에 사는 8촌 베리의 결혼식에 가려고 공항 보안검색대에 줄 서 있는 자신의 모습을 상상해 보라.

행사 참석 여부를 결정하기 전에 그처럼 깊은 절망감을 예상할 수 있다면, 행사 날짜까지 몇 날 며칠 혹은 몇 주, 몇 달 동안 후회하며 불편한 마음으로 지내지 않아도 된다. 게다가 항공료와 호텔 숙박비에 쓸 수천 달러를 아낄 수 있을 것이다. 이럴 때는 그냥 다른 일이 있어서 미안하지만 불참할 수밖에 없다고 얘기하고 선물이나 축의금을 보내는 게 상책!

✦. 친구들의 자녀에게 신경 끄기

우선 분명히 짚고 넘어가야 할 것은 친구들의 아이뿐 아니라 모든 아이에 대해 신경을 끄자는 거다. 그런 점에서 이것은 어느 정도 개인적인 방침 같은 것이다.

내 아이들을 제외한 모든 아이에게 신경을 끄는 것도 괜찮다. 하지만 대놓고 "네 아이들한테 전혀 신경 안 써."라고 말한다면 좋은 반응이 나올 리 만무하다. 친구의 아이들은 다시는 상대하지 않아도 되겠지만 어쩌면 덩달아 친구까지 잃을 수 있기 때문이다. 친구를 잃지 않고 친구의 감정도 상하게 하고 싶지 않다면, 솔직한 의사 표시를 하면서 예의를 갖추어야 한다.

절대로 걸음마 배우는 아이가 주인공인 행사에 참석하거나, 그 어떤 상황에서도 대신 애를 봐 달라는 부탁을 수락하지는 말자. 가끔 막대 사탕을 사 주거나 소셜 미디어상에서 "너무 예뻐!" 하고 외치는 선에서 멈추자.

☑ 격려의 말

당장 인정해야 한다. 무엇에 신경을 끌지 결정을 내리고, 신경 쓰기 목록을 다이어그램으로 만들고, 쉬운 것부터 실천하기 시작했다 하더라도 일이 늘 순탄치만은 않다는 사실 말이다. 신경 끄는 일이 쉽기만 하다면 누구나 모두 이미 실천하며 살았을 것이다. 그런데 아직 그렇게 하지 못하고 고민하고 있었다는 것은 신경을 끈다는 게 그만큼 어렵다는 뜻이기도 하다.

그렇다. 여기서 처음 하는 말이지만 조금 후퇴할 수도 있다. 흔한 일이다. 걱정할 필요 없다. 제끼기 방법이 피임약처럼 혁명적이긴 하지만 실패 확률 제로도 아니다. 한 번에 다 되지는 않는다. 꾸준히 연습하면서 나아간다는 것에 의미가 있다.

아무도 가고 싶지 않은 파티

2부에서 얘기한 직장 동료의 생일 파티를 다시 떠올려 보자. 카테고리 목록을 만들면서 노래방이든, 직장 동료 팀이든, 아니면 전반적인 생일 파티든, 정말 신경 쓰지 않기로 했다고 치자. 사실 사무실에서 이 파티에 가고 싶은 사람은 아무도 없을 것이다. 할 수 없이 가는 것이다.

이 책을 읽고 있는 여러분이라면 용기를 내어 생일 파티에 가지 않겠다고 말해야 한다. 그리고 실행에 옮겨 파티에 가지 않아야 한다.

하지만 다음 날, 좀 불편한 느낌이 들 것이다. 어쩌면 다른 동료들, 혹은 팀 전체가 냉담하게 대할지도 모른다. 지난밤에 있었던 일을, 나만 모르는 일을 재미있게 말할지도 모른다. 여기서 마음이 흔들릴 수도 있고 직장 동료와 그의 파티에 신경 끄기로 한 결정이 후회될 수도 있다. 그래서 그런 걱정을 하느라고 결국 신경 쓰기 예산을 좀 더 쓰고 싶어질지도 모르겠다.

하지만 이것은 필요 없는 걱정이다. 새로운 자유의 감정을 후회나 수치심과 혼동하지 않는 것이 중요하다. 여러분은 옳은 결정을 내렸다. 직장 동료들은 파티에서 아이돌 가수의 노래부터 트로트까지 2시간 동안 쉬지 않고 불렀다. 여러분이 느끼는 것은 찌릿한 후회의 통증이 아니라, 나머지 동료들에 대한 측은지심을 동반한 자유여야 한다. 정말로 후회스러운 마음이 든다면 신경 끌 것들 목록에 '후회'도 추가하자.

☑ 솔직함: 차등적으로 적용하기

앞에서 나는 막가파 소리를 듣지 않고 2단계를 밟는 데 필요한 두 가지 핵심 요소, 즉 솔직함과 예의를 귀에 못이 박히도록 강조했다. 하지만 특정한 경우에는 나도 예의 바르고자 하지만, 예의는 사실 좀 과대평가한 면이 있다. 두 가지 원칙 중에서는 솔직함이 좀 더 폭넓게 적용 가능한 덕목이다.

신경을 끌 때는 솔직함이 최선의 방책이다. 솔직하게 대처하면 상대방과 내가 대등한 입장이 되며, 지치도록 말을 빙빙 돌려서 해야 하는 것을 피할 수 있다. 물론 다른 약속이 있어서 갈 수 없다고 거짓으로 둘러댔을 때 소셜 미디어 핸디캡이 생기는 것도 막을 수 있다. 거짓말로 둘러대고 나면 다른 장소에서 혹시나 누가 나를 보지 않을까 걱정하게 되니까 결국은 신경 쓸 일이 또 생기는 셈이다.

신경 쓸 일을 솔직한 관점에서 다룬다면 "죄송하지만 땅속 요정에 관한 선생님의 자비 출판 소설을 읽을 시간이 없네요. 하지만 진심으로 행운을 빌어요."라든지 "저는 차를 안 좋아해요."와 같은 말을 할 수 있다. 단도직입적이지만 예의 바르게 말한다면 매우 효과적이다.

남들의 감정을 상하게 하지 않고 거짓말을 둘러대지도 않는 것이 가장 순수한 '미련 없이 제끼기'의 모습이다. 고민하거나 사과할 필요 없다.

하지만 모두 알다시피 1단계를 밟고 신경 끄기로 결심한 뒤 가장 예의 바르고 솔직하게 거절을 했는데도 2단계를 실행하기가 영 찜찜할 때가 있다. 좋게 보면 '찜찜함'을 느낀다는 건 무(無)매너 막가파가 아니라는 뜻이다. 자기만 아는 막가파들은 이런 감정을 느끼지 않는다. 완전히 대놓고 솔직한 것이 사실상 최선의 방책이 아닐 때도 있다. 이때는 조금 입에 발린 말을 해도 된다. 참고하시라고 아래에 몇 가지 목록을 마련했다.

대놓고 솔직한 것이 어쩌면 최선의 방책이 아닌 경우

다른 사람이 한 요리의 맛을 평할 경우

그냥 '일정표만 다시 짜면 되는 문제'일 경우

산타클로스와 아이들이 개입될 때

임산부를 대할 때

장모를 대할 때

☑ 신경 쓸 일은 달라도 원칙은 같다

2부에서는 신경을 *끄기*로 결정하는 법을 익혔다. 그리고 3부 앞부분에서는 마음을 가다듬기 위한 몇몇 개념들을 살펴보았다. 이제는 다양한 실제 반응을 예로 들면서 신경 *끄기*를 다루어 보자.

무기명 설문조사 결과를 이용하여 다른 사람들의 '신경 *끄기*' 목록에 자주 등장하는 사례를 보여 주고, 나아가 막가파가 되지 않고 어떻게 신경을 끌 수 있는지 보여 주고자 한다.

제끼기 방법을 순조롭게 실천하도록 2단계를 수행하는 데 적용될 세 가지 카테고리를 제시하겠다. 이는 여러분의 성격 유형 또는 터무니없는 일에 얼마나 거리낌 없이 '터무니 있게' 처신하는지에 따라 달라진다.

카테고리 1: 사물

·✦· 재활용

제끼기 방법은 우리의 행복을 최우선으로 한다. 또한 우리의 시간과 에너지를 우리가 관심을 두지 않는 것에 낭비하지 않고 관심을 두는 것들에 쓰도록 비축하는 것이 목표다. 따라서 지구를 구하는 일에 별 관심이 없다면……

초보: 병과 캔 종류를 재활용하도록 분리수거를 하되, 비닐 코팅한 종이와 일반 종이를 구분하는 수고는 하지 않는다.

중급: 얼마든지, 굳이 따로 봉투나 통을 마련할 것 없이 빈 통들을 '일반' 쓰레기봉투에 넣는다. 어젯밤에 열심히 파티를 즐겼으니 좀 쉬어야 하지 않을까.

전문가: 재활용은 배우자나 룸메이트에게 떠넘기고, 다시는 신경 쓰지 않는다. 이런 걸 '설득력 있는 부정'이라고 한다.

·✦· 공영 방송의 교양 프로그램

사회 구성원 대다수가 중요하게 여기는 뭔가에 대해 신경을 끄고 싶은 충동을 이해한다. 특히 엘리트주의가 잔뜩 들어 있는 방송의 경우라면 더욱 그럴 수 있다. (72쪽 「뉴요커」에 관한 내 의견 참조.)

초보: "잠깐, 잠깐, 그 얘기 그만 하세요." 하고는 자리를 떠나 버린다. 사람들은 그냥 여러분이 똑똑하다고 생각할 것이다.

중급: 교양 프로그램을 가짜로 하나 만들어 내어 사람들에게 그 프로그램을 제일 좋아한다고 말한다. 그리고 다른 사람들이 그 프로그램을 시청하는 척하는 모습을 즐긴다.

전문가: 다른 사람들이 무슨 생각을 하는지 신경 *끄기*에 성공했다면, 친구들이 「올 싱스 컨시더드 All Things Considered」라는 뉴스 프로그램에 대해 장황하게 늘어놓을 때, 머리를 높이 들고 속 시원하게 다음 네 단어를 말하자. "나 그거 안 봐."

·✦· 셰익스피어의 희곡들을 '진짜로' 누가 썼는가?

셰익스피어를 연구하는 학자라면 이 문제에 신경을 쓰거나, 아니면 최소한 신경을 쓰는 척이라도 해야 할 것이다. 그 밖에 다른 사람들은? 뭐 그다지 신경 쓸 게 있을까?

초보: 칵테일 파티에서 누군가가 크리스토퍼 말로가 진짜 저자라는 주장을 피력하면 "에잇, 말로주의자?" 하고 중얼거리며 바닥에 침을 뱉는다. 여러분의 말뜻을 알아차릴 것이다.

중급: 코너에 몰리거든 셰익스피어 희곡 『헨리 4세』에 나오는 핫스퍼 흉내를 내 보자. "오 신사들이여, 인생의 시간은 짧구려!"라고 말하고는 황급히, 말없이, 다짜고짜 파티나 모임을 떠나는 아일랜드식 작별을 하자. 수없이 많은 상황에서 신경을 끌 수 있는 훌륭하고도 훌륭한 전략이다.

전문가: 애초에 이런 파티에는 가지 않는다.

✦ 왕좌의 게임(Game of Thrones)

제끼기 방법을 아주 간단히 실천할 수 있다. 아무도 책을 읽거나 TV 드라마를 보라고 칼을 들이대고 강요하지는 않으니 말이다. 하지만 다른 사람들이 그 책을 읽고 드라마 얘기하는 걸 '들어야' 하는 상황에는 대비해야 한다.

초급: "아직도 그 이야기하고 있었어? 미안, 그만 멍해 있었네. 마지막 회 같이 보자고 해도 난 못 갈 것 같아."

중급: 솔직하고 예의 바르게 "『왕좌의 게임』은 정말 관심이 없어서 난 잘 몰라. 나는 이만 물러갈게. 존 스노에게 진짜로 무슨 일이 일어났는지 추측하는 거 종결되고, 또 드라마는 책하고 어떻게 다른지 알게 되는 화요일 아침에 보자."

전문가: 'Dragons don't give a FCK_용은 신경 안 써.'라고 쓰인 티셔츠를 하나 장만하자. 필요하면 드라마를 상영하는 매주 월요일마다 입도록.

✦ 소셜 미디어

어디서부터 시작해야 하나? 요즘 같은 시대에 페이스북을 하지 않는 것은 1950년대 할리우드에서 공산주의자가 되겠다는 것과 비슷하다. 나 역시 페이스북, 트위터, 인스타그램 계정이 있고 또 활용한다. 하지만 그런 나조차도 구글 플러스에는 선을 긋는다. '좋아요.' 없는 삶을 기필코 원한다면, 꿋꿋하게 헤쳐 나가길.

초보: 그냥 소셜 미디어 하나를 골라서 텅 빈 페이지를 만든 다음 잊어버리면 어떨까? 페이스북의 프라이버시 세팅은 설치하기 어려우니, 트위터에서 잠복하라고 권하고 싶다.

중급: 좋다. 아무 계정도 열지 말자. 단 페이스북 페이지가 없다는데 대해서 '이야기하지도' 말자. 말이 길어지는 게 싫다면.

전문가: '캣 피싱'이라고 들어 보았는가?

다른 사람들과 잘 어울리기

이것 바로 이것 때문에 이 책을 쓰게 되었다. 여러분이 초보든 중급이든 혹은 전문가 수준으로 신경 끄는 사람이든 『인생이 빛나는 생각의 마법』은 자신을 둘러싼 세상에 관심과 열의가 있는 척, 순응하는 척 보이느라 기진맥진한 사람들을 위한 책이다. 바로 그런 사람들에게 힘을 불어넣어 마음껏 자신의 본 모습으로 자신의 인생을 최선으로 살도록 돕고자 한다.

카테고리 2: 일

설문 조사에 응한 많은 사람이 회의, 화상회의, 복장 규정 등에 신경 쓰지 않는다고 답했다. 이런 항목들은 이미 2부에서 심층적으로 다루었다. 여기서는 누가 봐도 *제끼기* 치료가 절실히 필요한 경우들을 추가로 살펴보자.

˙+˙ 원치 않는 이메일에 답하기

이메일의 답신은 엄밀히 따지면 자기 자신이 아닌 다른 사람들, 즉 메일을 보낸 사람들에게 영향을 주는 사례다. 하지만 여기서는 상대가 일방적으로 메일을 보냈을 때, 누군지도 모르는 사람에게서 광고성 메일이 왔을 때를 말한다.

초보: 신경을 끌 권리가 있다. 그냥 '삭제' 버튼을 누르고 시간이 나면 차라리 가십 뉴스를 훑어보는 게 낫다.

중급: 해당 이메일들을 삭제하고, 메일을 보낸 사람을 수신 차단시킨다. 그러면 그쪽에서도 깨닫는 게 있을 것이다.

전문가: 전자 뉴스레터, 쇼핑 쿠폰 코드, 온라인 시민 기금 마련 업데이트로 가득한 메일함 전체에 '수신 거부' 프로그램을 깐다.

˙+˙ 가십

사무실에 떠도는 소문 제조기의 일부가 되고 싶지 않다면 사무실에서 일어나는 다른 사람들의 이야기에 신경을 쓰지 않는다.

초보: 사무실에 문이 있다면 문을 닫는다. 문이 없다면 헤드폰을 하나 장만하자. 헤드폰을 낀 사람과 가십을 나누려는 사람은 별로 없을 것이다.

중급: 예의 바르게 "그 얘기 듣고 싶지 않네요."라고 말하고는 수다쟁이들이 떠날 때까지 아무렇지도 않게 두 손으로 귀를 가린다. 그러면 의사가 충분히 전달될 것이다.

전문가: 누군가가 직장 동료 레지나가 성적으로 문란한 문자 메시지를 보내는 버릇이 있다고 말한다면 손을 들고 이렇게 말한다. "네가 그런 말 했다고 레지나한테 이를 거야." 그러면 두 번 다시 우리를 믿고 가십을 털어놓지 않을 것이다.

∵✦ 팀 빌딩 훈련

팀 빌딩 훈련이란 팀을 이루어 진행하는 업무나 활동을 성공적으로 이끌기 위해 실시하는 일종의 조직개발 기법이다. 날이면 날마다 함께 일해야 하는 것도 괴로운데, 정녕 우리가 '일하는' 데 관해서 일해야 한단 말인가? 그건 마치 펠리니 감독의 시시한 영화에 주연으로 출연하는 것과 같다.

초보: 휴가를 낸다.

중급: 병가를 낸다.

전문가: 그냥 결근한다.

✦ 아부하기

2부에서 직장에서 신경 써야 할 항목들 각각에 대해 신경 꺼야 할 것은 다섯 가지가 있다고 말했다. 그중 하나가 아부다. 일을 잘 하면 됐지 상사나 그의 비서, 혹은 상사와 그렇고 그런 관계라는 소문이 도는 다른 여직원에게 아부함으로써 자신을 비하할 필요는 없다.

초보: 그냥 아부하지 않는다. 직무에 속하지 않는 일에서 손을 떼는 건 쉬운 일이다.

중급: 상사가 아부를 요구한다면 아부하는 대신 상사와 그의 애인 사진을 찍어 찌질한 공갈·협박을 해 보는 건 어떨까? 아부할 때와 마찬가지로 신경 쓰이겠지만 결과는 훨씬 더 만족스럽다.

전문가: 반대로 생각해 보자. 직무의 일부 측면에 대해 정말로 신경을 써야 하는 데도 안 쓰고 있다면 아부하는 게 실제로 요긴할 때가 있을 것이다. 세상은 우리 자신의 것이다.

✦ 직장 동료의 자녀들

회계 부서의 폴이 자기 딸이 지역에서 열린 철자법 대회에서 6등을 했다고 자랑을 해대기 시작하면 꼼짝없이 그 얘기를 들어야 한다고 생각할지도 모른다. 하지만 꼭 그렇지도 않다.

초보: 배를 움켜쥐고 "아, 정말 잘 됐네요. 근데 나 좀 화장실이 급해서 이만!" 하고 자리를 뜬다. 폴은 당신이 지독한 설사병을 앓고 있다고만 생각할 것이다.

중급: "허, 신통하네요. 따님이 어디서 그런 재주를 물려받았을까요?" 솔직하고 대충 예의도 바르다. 훌륭한 퍼포먼스다.

전문가: "오, 잘됐네요. 저희 딸애는 아직 글도 못 읽는데." 폴은 다시는 당신과 말을 섞지 않을 것이다. 그 어떤 것에 관해서도.

✦ 누구의 업무인가?

이것은 양날의 칼이다. 다른 사람의 업무를 대신하려고 하는 사람은 없다. 하지만 업무가 너무나 쉬운 것인데도 마무리할 생각은 하지 않고 그것이 누구의 소관인지 따지기만 하면서 전체 프로젝트를 지연시킬 때는 "누구의 업무인가?" 하는 문제는 신경 꺼도 된다.

속옷 매장의 샤를린이 제때에 팬티를 정리하지 않았는데 다른 아무도 그 일을 신경 쓰지 않는다고? 그래, 샤를린이 잘못했다. 하지만 여성 매장 전체가 깔끔하게 정리될 때까지는 아무도 퇴근할 수 없다면……?

초보: 그냥 그 일을 해 버리고 윗선에 보고한다. 약간의 시간과 에너지를 써야 하겠지만 다음 주에 샤를린이 지적받고 야단맞는 모습을 보며 흐뭇해질 것이다. 순익은 있다.

중급: 샤를린의 일을 한 번만 대신하되(물론 그 일을 상부에 보고하고) 그냥 재미로 샤를린에게 최후의 날이 가까웠음을 알리는 메시지를 남겨 둔다.

전문가: 전 직원에게 한 달 동안 매장을 정리 정돈할 사람을 추첨으

로 정하자고 제안한다. 반칙용 추첨 막대를 주머니에 지니고 다니면서 샤를린이 뽑히도록 한다.

✦ 다른 사람이 주말을 어떻게 보냈는지 처음부터 끝까지 듣기

월요일 아침 사무실에 출근하자마자 직장 동료가 지난 주말 서핑보드 타기 강습을 받았던 이야기를 늘어놓는다고 치자. 그럴 경우 폴과 그의 철자법 천재 딸 이야기를 듣던 경우와 마찬가지 전략을 실행할 수 있다. 1977년 지미 카터 대통령 정부의 경영 및 예산 부처장이었던 버트 랜스가 "고장이 나지 않으면 고치지 말라."고 했던 말처럼 좋은 전략은 그대로 써먹으면 된다.

초보: (배를 움켜쥐고) "화장실 좀 가봐야 해서. 미안!"

중급: "적나라하게 이야기해 줘서 고맙다고나 할까?"

전문가: "내 아내가 불의의 서핑보드 사고로 죽었어."

일에 신경 *끄기* 종결자:
직장 그만두기

『인생이 빛나는 생각의 마법』을 여기까지 읽었다면 자신의 직업에 대한 난감한 진실을 직면했을지도 모르겠다. 우리는 누구나 업무에서, 그리고 직장에서 많은 스트레스를 받는다. 헛간 투어를 하며 신경 *끄기* 목록을 작성하는 동안, 자신의 정신적 서류 캐비닛이 짜증으로 폭발 직전임을 깨달았을 것이다. 캐비닛 문을 아무리 밀어 대도 닫을 수가 없고, 아예 캐비닛이 통째로 넘어지며 덮쳐서 압사당할 지경이다.

사정이 그렇다면 화상회의나 동료의 아이들에게 신경 *끄는* 것만으로는 부족하다. 이제 우리에게는 전혀 새로운 직장이 필요하다. 2단계 방법의 종결자는 바로 직장 때려치우기다. 아마 '오늘' 당장 그만둘 수는 없을 것이다. 당장에 이 책을 내려놓고 직장 상사의 구찌 신발에 불을 지른 후 다음 달에 월급을 탈 곳이나 다른 대안 없이 뛰쳐나가라는 소리는 아니다.

이런 식으로 생각해 보자. 우리는 월급에 대해 날마다 '이미 신경을 쓰고 있다.' 따라서 새 직장을 찾는 일이 단기적으로는 시간과 에너지가 좀 들지 모르지만, 장기적으로는 기쁨을 줄 것이다. 일단 새 직장을 잡으면 다시금 월급봉투를 위해 단 한 가지 신경만 쓸 것이다. 그 상태에 도달하게 되면 새로운 서류 캐비닛을 자신에게 선물로 주는 게 어떨까? 그만큼 노력했으니까.

카테고리 3: 친구, 지인, 모르는 사람

여기서는 지침을 약간 다르게 정해 보려고 한다. 왜냐하면 친구, 지인, 모르는 사람과 관련된 항목과 사건들에 신경 쓸 상황들은 다른 카테고리의 경우보다 더 유동적이고, 많고, 복잡하기 때문이다.

또한 다양성이야말로 인생의 향신료와도 같기 때문이다.

직장을 바꾸지 않는 한, 때로는 직장을 바꾸더라도 업무에 관해서는 신경 쓰기 목록이 한정되어 있다. 뻔한 업무가 날이 바뀌어도 계속된다. 대체로 김새는 일들이 벌어지고, 따라서 2단계를 실천할 때 섬세한 기교가 덜 필요하다. 가족 또한 해가 바뀌어도 신경 쓸 일이 꽤 비슷비슷하게 되풀이된다.

하지만 친구, 지인, 모르는 사람은 대체로 예측 가능성이 낮은 편이다. 그들은 우리의 삶에 더 정기적으로 입장하고 퇴장하며, 무리를 지어 다니는 경우가 많다. 특히 탄원서에 서명해 달라는 사람들, 주차를 엉망으로 하는 사람들, 지역사회 봉사활동 모임에서 온 사람들…… 그 분야도 다채롭다. 이런 사람들을 상대로는 2단계를 실천하는 것은 고사하고 1단계를 헤쳐 나가기조차 힘들다.

다행히 이 카테고리에 속한 거의 모든 인간관계에 청사진을 제공할 보편적인 사건이 하나 있다. 미로처럼 꼬이고 만만찮은 도전이 필요한 이 일을 조금이라도 마스터할 수 있다면 좋을 것이다.

☑ 결혼식 이야기

나는 결혼식을 좋아한다. 결혼식은 신나고 즐거운 사랑의 잔치다. 지금까지 42번의 결혼식에 가서 엄청 신나는 시간을 보냈다. 결혼식은 대다수 사람의 신경 쓰기 예산에서 커다란 비중을 차지한다.

벤다이어그램을 기억하시는지? 결혼식은 시간, 에너지, 돈이 모두 교차하는 곳에 떡 하니 들어앉아 있다.

처음 가는 몇 번의 결혼식은 새로운 경험이다. 춤도 추고, 술과 케이크도 공짜로 맘껏 먹을 수 있고, 예쁜 사진도 찍을 수 있다. 오호, 설레는 결혼식~. 시간이 흐르면서 특히 나이가 비슷한 친구들과 형제자매와 사촌들이 많은 20대와 30대 독자라면 훨씬 더 많은 결혼식에 참석할 것이다. 그리하여 결혼식은 차츰 덜 새로워지고, 참석하는 빈도가 증가하면서 재미도 덜해지고, 아니면 시간과 에너지를 축내기까지 할 것이다. 그리고 금전적인 부담도 될 것이다.

그러다 갑자기 한꺼번에 12군데 결혼식에 초대를 받고, 결혼식과 관련된 약혼식 파티, 그리고 결혼 전 신부 파티와 총각 파티까지 겹치는 일이 생긴다. 쓸 수 있는 돈과 일 년에 쓸 수 있는 휴가일 수는 한정되어 있는데 말이다.

50대, 60대, 70대라면 친구의 '자녀들' 결혼식에 초대받을 것이다. 이 말은 정작 파티 자체에는 볼일도 별로 없으면서 파티에 가는 데 드는 시간, 에너지, 돈은 마찬가지로 든다는 뜻이다.

초대를 받았다고 해서 모든 사람의 결혼식에 갈 필요는 없다는 것을 속 시원히 인정하자.

친구의 또는 친구 자녀의 특별한 날에 가기 위해 희생을 감수하는 것. 그것이 좋을 때도 종종 있다. 하지만 때로는 결혼식에 가져갈 축의금 이 없을 수도 있다. 결혼식에 가고 싶기는 하지만 시간이 도저히 나지 않을 수도 있다. 대여섯 가지의 일정이 겹쳐서 도저히 시간을 맞출 수 가 없다. 또는 결혼식에 초대받은 다른 사람들과 그다지 친하지 않을 수도 있다. 또는 얼마든지 정당화할 수 있는 수많은 이유 중의 하나로 결혼식에 가고 싶지 않을 수도 있다.

이는 우리 모두가 겪은 일이지만 오직 나만이 그 사실을 책을 통해 인 정하고자 할 뿐이다. 꼭 가야 하는 곳이 아니라면 심호흡을 하고 제껴 버리자.

☑ 거절할 수 없는 결혼식과 뒤풀이

카테고리 3에 속하는 신경 쓰기 전체에서 결혼식이 그처럼 유용한 사례를 제공하는 까닭은 결혼식에서는 친구, 지인, 완전히 모르는 사람들 모두를 '한꺼번에' 상대해야 하기 때문이다.

이런 식으로 생각해 보자. 일단 자신의 결혼식은 신경을 써야 한다. 거기에 시댁이나 처가 쪽 결혼식을 더하면 이미 바쁜 스케줄이 꽉 차 버린다. 하지만 그 밖의 다른 사람의 결혼식에 대해서도 이런저런 신경을 쓸 수밖에 없다. 이런 허다한 신경 쓸 거리 하나하나가 친구나 가족 구성원의 지인 및 기타 등등과 관계가 있기 때문에 결혼식에 관계된 사람들 다수가 그저 지인이거나 모르는 사람이기 마련이다.

그래서 결국은 작은 국가의 국민총생산액과 맞먹을 만큼의 신경 쓰기 예산을 쓴다. 예를 들어 가족 친지들만의 오붓한 결혼식을 위해 교외의 특별한 장소에서 예식을 한다거나, 아니면 수천 명의 하객을 초대해서 오성급 호텔에서 성대한 결혼식을 한다거나 하면 말이다.

✦. 뒤풀이 때 상영할 슬라이드 쇼를 위해 옛날 사진을 찾아 달라는
말에 신경 끄기

이런 부탁에는 신경 꺼도 된다. 하지만 그렇게 되면 친구가 타격을 받는다. 그 친구는 초등학교 3학년 때 입은 핼러윈 의상을 입은 사진이 쏙 빠진 걸 알고 섭섭해할 것이고, 슬라이드 쇼를 준비하는 사람도 곤란하다. 배경 음악이 깔리는 동안 파워포인트를 채울 다른 사진을 찾아야 하기 때문이다.

✦. 결혼식에 입고 갈 드레스 코드를 해독하는 데 신경 끄기

8월의 한창 무더운 날에 친구가 자기 신랑이 다니는 컨트리클럽에서 '어느 정도 격식을 갖춘 창의적인 여름 칵테일 캐주얼' 결혼식을 한다고 한다. 이 난해한 드레스 코드를 어떻게 해독해야 할까?

물론 신경 끄고 중저가 브랜드의 원피스형 반바지를 입고 가면 된다. 하지만 그럴 경우 친구 시댁 식구들이 놀라 자빠지고, 적어도 사진 두어 컷을 망치고, 너무도 편안해 보이는 모습 때문에 다른 모든 하객의 시선이 집중될지도 모른다. 아마 누군가는 고의적인 '실수로' 원피스형 반바지에 시라즈 포도주를 엎지를지도 모른다.

결혼식의 경우 신부를 울리고, 우정이 깨지고, 신용 카드빚을 지게 되는 것을 최소화하면서 최대한 제끼기 방법을 달성하기 위해 2단계를 매우 신중하게 실행해야 한다.

그러니까 '방호복' 수준의 신중성을 발휘해야 한다. 하지만 최소한으

로 신경 쓰면서 결혼식에 참석할 수 있도록 솔직함과 예의를 섬세하게 조화시키는 데 도가 텄다면, 우리가 참석하는 혹은 참석하지 않는 결혼식, 그리고 그뿐만 아니라 인생 전반에서 최대한의 기쁨을 얻는 동시에 짜증을 최소한으로 줄일 수 있다. 그렇다. 다른 사람의 결혼식에 제끼기 방법을 적용하는 것은 그 자체로 마스터 과정이다.

✦ 속 뒤집어 놓는 결혼식에 신경 끄기

신경을 덜 쓰거나 아예 신경 끄고 싶은 결혼식 관련 시나리오 네 가지를 상세히 소개하고자 한다.

이 시나리오들은 우리의 결의를 시험하고, 제끼기 방법에 도전장을 던지며, 깨달음의 길로 인도해 줄 것이다. 각 시나리오에는 솔직함과 예의 매트릭스가 곁들여지며, 매트릭스에 표시된 점수는 솔직함과 예의의 상태를 나타낸다. 그리하여 신경 끄기라는 목표가 정확히 어디서 유감없이 나타나는지, 그리고 언제 막가파 영역에 가까워지는지 보게 될 것이다.

① 공휴일이 낀 주말에 열리는 결혼식

공휴일과 주말이 이어져 모처럼 연휴를 맞는다. 휴가 가서 한가롭게 쉴 궁리를 하는데 친구가 결혼식을 한다며 연락을 해 온다. 아마도 국정 공휴일에나 신랑 신부가 직장을 쉬나 보다. 아니면 신랑 신부가 교사여서 봄 방학이 제일 좋은 때인지도 모른다. 어쩌면 신랑 신부는 하객들이 직장에서 하루 더 휴가를 내어 자신들의 결혼식에 오는 걸 좋아할 거라고 기대하는지도 모르겠다. 그렇게 생각해 준다면 정말이지 고마운 일이다! 하지만 이제 우리는 일 년 내내 고대해 온 휴가 즐겁게 즐기기와 결혼식에 참석하여 뻘쭘하게 앉아 있다가 식사만 하고 오기 중 어느 쪽에 신경을 쓸지 선택해야 한다.

이럴 때 어떻게 대처할까?

그냥 간단히 못 간다고 답하고 근사한 선물을 보낸다.

"초대를 받아서 영광이지만, 안타깝게도 갈 수가 없네."

"저런, 우리가 콘도를 이용하는 기간이야. 두 군데 다 갈 수 있으면 좋겠지만 그럴 수도 없고. 가족들과 1년 전부터 약속해 놓은 거라 취소할 수가 없어."

"가고 싶지만 방금 맹장 수술을 예약했거든. 나는 그날 병원 신세를 질 거야."

막가파 영역

"노동절 휴가 기간에는 보통 친구들이랑 같이 보내. 친구들과 같이 네 결혼식에 가도 될까? 그래도 되는지 알려 줘!"

"결혼식 날짜를 다른 주말로 변경하면 안 될까?"

공휴일이 낀 주말에 열리는 결혼식

정직

● 그냥 간단히 못 간다고 답하고
근사한 선물을 보낸다.

● "초대를 받아서 영광이지만,
안타깝게도 갈 수가 없네."

무례함 ———————————————————— 예의 바름

● "노동절 휴가 기간에는
보통 친구들이랑 같이 보내.
친구들과 같이 네 결혼식에 가도 될까?
그래도 되는지 알려 줘!"

● "저런,
우리가 콘도를 이용하는 기간이야.
두 군데 다 갈 수 있으면 좋겠지만
그럴 수도 없고.
가족들과 1년 전부터 약속해
놓은 거라 취소할 수가 없어."

● "결혼식 날짜를 다른 주말로
변경하면 안 될까?"

● "가고 싶지만
방금 맹장 수술을 예약했거든.
나는 그날 병원 신세를
질 거야."

막가파 영역　　부정직

173

연인과 함께 친구의 결혼식에 가기 위해 이미 수백, 아니 어쩌면 수천 달러를 쓰고 휴가 계획까지 포기했다. 하지만 친구의 결혼식인데 뭐 어때! 하고 생각할 수도 있을 것이다. 그런데 여기서 끝이 아니라 총각 파티와 신부 파티에까지 오라고 한다면?

세상에 둘도 없는 절친한 친구라면 파티 장소가 어디든 상관없고 축의금 액수도 상관없고 며칠 동안의 파티에 시간을 할애하는 것도 상관없을 것이다. 그렇다면 얼마든지 그렇게 하면 된다. 그런 건 신경 쓰고 싶은 일이니까!

하지만 다음 매트릭스를 좀 더 재미있게 구성하기 위해 파티에 갈 시간, 에너지, 돈이 없고 게다가 가기도 싫은데 할 수 없이 가려고 하는 경우라면?

이럴 때 어떻게 대처할까?

"초대해 줘서 너무너무 고맙지만, 갈 형편이 안 돼."
유감을 표하면서 초대를 거절하고, 호텔에 샴페인 한 병을 보내 준다.
"몸이 좀 안 좋아서 못 가겠어. 이해해 줘."

막가파 영역

"너무 재밌겠다! 누가 비용을 대신 내 준다면 완전, 무조건 갈 텐데!"

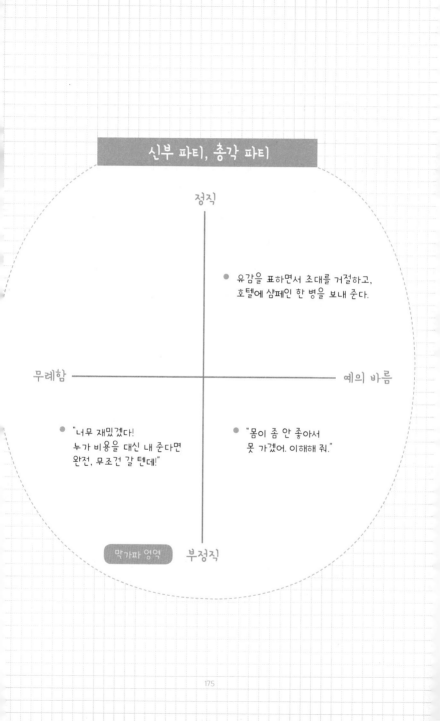

신부 파티, 총각 파티

정직

유감을 표하면서 초대를 거절하고,
호텔에 샴페인 한 병을 보내 준다.

무례함 ─────────────────── 예의 바름

"너무 재밌겠다!
누가 비용을 대신 내 준다면
완전, 무조건 갈 텐데!"

"몸이 좀 안 좋아서
못 가겠어. 이해해 줘."

막가파 영역   부정직

3

프로그램이 있는 결혼식

친구의 약혼녀가 엄청 활동적이다. 약혼녀와 그녀의 가족은 그냥 가만히 앉아 있으면 자신의 내면을 성찰하게 될까 봐 그렇게 부지런을 떠나 보다. 그리하여 주말에 열리는 결혼식 초대장에 아침 요가, 카약 타기 같은 다양한 프로그램을 소개하는 팸플릿이 곁들여 왔다.

이 모든 활동은 결혼식이 열리기 전까지만이라도 가지려고 했던 얼마 안 되는 시간마저 앗아간다. 모르는 사람들과 함께 아침 8시에 일어나 물건찾기 놀이를 하기보다는 그 시간에 마사지를 받거나 골프를 치고 싶을 것이다. 그런데 친구가 그 시간마저 탐낸다면?

이럴 때 어떻게 대처할까?

실제 결혼식이 거행될 때까지 '푹 쉬고' 싶다며 활동은 사양한다.

산행에 가지는 말고, 신부에게 자연 산행이 얼마나 장관이었는지 잊지 않고 이야기해 준다.

활동이 정말 재미있어 보이지만 의사가 '실밥 떼기 전까지는 조심하라.'고 했다고 말한다.

막가파 영역

예의상 한두 가지 프로그램에 참석하겠다고 약속하되 식중독에 걸릴 계획을 함께 세워 놓는다.

"팸플릿? 무슨 팸플릿?"

프로그램이 있는 결혼식

정직

● 실제 결혼식이 거행될 때까지
'푹 쉬고' 싶다며 활동은 사양한다.

무례함 ———————————————— **예의 바름**

● 예의상 한두 가지 프로그램에
참석하겠다고 약속하되
식중독에 걸릴 계획을
함께 세워 놓는다.

● "팸플릿? 무슨 팸플릿?"

● 산행에 가지는 말고,
신부에게 산행이 얼마나 장관이었는지
잊지 않고 이야기해 준다.

● 활동이 정말 재미있어 보이지만
의사가 '실밥 떼기 전까지는
조심하라.'고 했다고 말한다.

막가파 영역 **부정직**

4

결혼식 다음 날 아침에 먹는 브런치

주말에 결혼식에 참석해 준 것을 감사하는 차원에서 다음 날 아침 브런치까지 대접하려는 신랑 신부도 있다. 이 브런치 타임은 대체로 호텔 체크아웃 시간 전에 배당되는데 적어도 절반 이상의 결혼식 하객들은 엄청난 숙취에 시달려서 여기에 참석하고 싶어 하지 않는다. 숙취로 고생하는 하객들은 KTX를 타기 전까지는 최대한 잠을 푹 자고 싶을 것이다. 또한 전날 밤 춤을 추며 무안하게 만든 친척들의 얼굴을 보는 것도 민망하고, 맛도 없는 토스트 쪼가리나 먹기 위해 식당으로 내려가고 싶지는 않을 게 분명하다.

이럴 때 어떻게 대처할까?

불참한다는 말과 함께 슬픈 얼굴 아이콘을 넣은 메시지를 보낸다.
브런치 먹으러 갈 생각은 없지만 일단 참가한다고 해 둔다. 그러고는 나중에 '편두통' 때문에 못 내려갔다고 핑계를 댄다.

막가파 영역

'불참' 칸에 체크하는 대신 줄을 좍좍 긋고 '웬 브런치?'라고 쓴다.
'참석' 칸에 체크하고 그 위에 '단, 바를 공짜로 이용할 수 있다면!' 하고 조건을 단다.

결혼식 다음 날 아침에 먹는 브런치

정직

● 불참한다는 말과 함께
  슬픈 얼굴 아이콘을 넣은
  메시지를 보낸다.

무례함 ——————————————————————— 예의 바름

● '불참' 칸에 체크하는 대신
  줄을 쭉쭉 긋고
  '왠 브런치?'라고 쓴다.

● 브런치 먹으러 갈 생각은 없지만
  일단 참가한다고 해 둔다.
  그러고는 나중에 '편두통' 때문에
  못 내려갔다고 핑계를 댄다.

● '참석' 칸에 체크하고 그 위에
  '단, 바를 공짜로 이용할 수 있다면!'
  하고 조건을 단다.

막가파 영역   부정직

지금까지의 훈련이 도움이 되었으면 좋겠다. '솔직함과 예의 매트릭스'는 제끼기 방법이 간단하면서도 융통성 있음을 보여 주기 위해 만든 것이다. 이 매트릭스는 다양한 경우에 다양한 방법으로 이용할 수 있다. 막가파 영역에만 들지 않으면 별문제 없을 것이다.

☑ 꺼림칙한 기분이 들면 개인적인 방침을 재확인하자

결혼식이든 인생 전반의 문제든 신경 끄기 목록이 너무 길고, 솔직함과 예의를 발휘할 역량이 바닥난 상태라면 친구, 지인, 모르는 사람을 대하는 개인적인 방침을 언제든 새로 정할 수 있다. 물론 이 전술을 시도 때도 없이 이용해서는 안 될 것이다. 그랬다간 남들이 눈치를 챌 테니까. 마치 선수들에게 온사이드 킥을 주문하는 축구 코치처럼 새로운 전술에 모두 놀라고 방어가 불가능하기를 바라면서 전술을 수정할 필요가 있다. 이 방법이야말로 제대로 활용만 하면 게임을 완전히 역전시킬 수 있다.

☑ 카테고리 4: 가족

2부에서 살펴보았듯 가족에 관해서는 설문조사 응답들이 너무나 많이 중첩되어 이미 이 문제에 대해서는 전체 영역을 거의 다 다루었다. 그런데 너무나 뻔한 문제 한 가지를 빠트렸다.

사실 이 문제는 너무 뻔한데도 누락시킨다는 사실 자체가 문제다. 그렇다. 바로 유산 문제다. 놀랄 것도 없는 것이 이 문제는 1단계_즉 다른 사람들의 감정/의견, 전반적인 신경 쓰기 예산, 의무/죄책감과 2단계_솔직함과 예의, 막가파 되기/안 되기에서 우리가 익힌 도구와 행동의 핵심에 자리 잡고 있다.

현금이든 가보급(級)의 물건이든 유산의 문제는 누가 무엇을 물려받는지, 물려받을 자격이 있는지, 또는 애초에 누가 무엇을 물려받기를 원치 않는지, 물려받을 자격이 없는지를 두고 흥정하고 불만을 토로하느라 시간과 에너지를 들여 엄청난 신경을 쓰게 만든다.

그런데도 많은 설문조사 응답자들이 가족의 경우 돈/유산에 관해 신경 쓰지 않는다고 주장한다. 하지만 실제는 그렇지 않다.

어떤 관계에서든 돈은 어딜 가나 가장 어렵고 복잡한 주제 중의 하나로 인식되는 듯하다. 할머니가 집과 보석을 여섯 형제자매에게 나누어 주시는 것에 관해 자신은 전혀 신경 쓰지 않겠다고 다짐한 사람들도 실제 나눠 가지면 마음이 바뀐다.

유산은 골치 아픈 문제일 수 있다. 의심의 여지가 없다. 유산에 대해 신경 끈다고 큰 소리로 분명하고도 명백하게 말한 사람들 모두가 실제로도 신경을 껐다면 다른 형제가 물려받은 집과 보석에 대해 불평하지 않을 것이다. 그리고 자신이 물려받은 것에 만족하며 가족들과 즐겁게 지낼 것이다. 하지만 그렇지 않다는 데 문제가 있다.

☑ 보너스!

2부에서 나는 가족 문제에 관해서는 신경 쓰이는 일 중 협상 불가능한 것들이 있다는 점을 인정했다. 하지만 그다지 이상적이지 않은 상황에서도 최선의 결과를 끌어내는 법을 제시하겠다고 말했다. 1단계를 완주하고 어떤 것에 신경을 끌 것인지 결정했으나 2단계에 이르러 실제로 신경 끄는 것이 도저히 불가능하다면, 싫은 것을 참고 신경을 썼으니 보너스를 주는 것도 괜찮을 것 같다.

예를 들어 가족 휴가 모임을 피할 수 없다면 그 다음 날 마사지 예약을 해 두어 뭔가 스스로 기대할 만할 일을 마련하는 것이다. 더 나은 방법은 가족 휴가 선물로 마사지 예약을 해 달라고 하는 것이다. 그러면 우리가 신경 쓴 데 대해서 가족이 비용을 부담하는 셈이다.

TIP 전문가 조언

집으로 돌아오는 비행기 좌석을 일등석으로 업그레이드한다. 심하게 비싸기는 하지만 맥 빠지는 가족 모임에 참가한 것에 대한 보상으로 주는 선물이다.

☑ 자주 하는 질문들

제끼기 방법에 관해 이야기할 때 가장 흔히 받는 질문 몇 가지를 소개하면 도움이 되겠다는 생각이 들었다. 다양한 신경 쓰기 목록에서 이런저런 항목들을 신나게 지우는 동안에 우리의 머릿속에도 떠오른 것일 게다.

중대한 결정을 내리긴 했지만 실제로 신경을 끈다? 마음속으로 결정하고 각오를 다지기는 쉬워도 실제로 실천하는 것은 말처럼 쉽지만은 않을 것이다. 하지만 이미 마음속에서 뜨겁게 타오르는 열의를 활용해야 한다. 신경 쓸 거리를 정리하고 최고의 인생을 살기 시작할 때는 바로 지금이기 때문이다.

그런 의미에서 2단계 수행에 도움이 되도록 자주 받는 질문 몇 가지를 소개하고자 한다.

Q: 사람들에게 '난 신경 안 쓴다.'고 말하는 것 자체가 너무나 예의 없다는 느낌이 든다. 좀 무례한 것은 아닐까 하는 생각이 들지 않는가?

A: 신경 안 쓴다는 말을 대놓고 하기가 불편하다면 그렇게 큰 소리로

이야기할 필요는 없다. 무언가에 대해 시간, 에너지, 돈을 쓰지 않겠다는 우리의 결정을 아주 무난하게 표현할 수 있다. 예를 들어 "X에 대해서는 당신 의견에 동의할 수 없다고 말해야겠네요. 하지만 당신은 당신 방식대로 하면 되죠!"라고 말한다.

Q: 너무 많은 것에 신경을 꺼 버리면 그렇게 속 편하게 사는 게 너무 좋아서 아무것도 누구도 위하지 않고 사는 게으름뱅이가 될까 봐 걱정이다.

A: 타당한 걱정이다. 하지만 제끼기 방법의 목표는 사실 신경 쓰기 제로 상태가 되는 게 아니다. 기쁨을 주지 않는 신경 쓸 거리는 덜어내고, 기쁨을 주는 일들을 위해 길을 '닦는' 것이 목표다.

Q: 신경 끄기가 그처럼 해방감을 준다면 왜 이다지도 마음이 불편할까?

A: 옷을 안 입고 사는 것도 해방감을 주지만 사회가 용납해 주지 않아서 그렇게 할 수 없다. 신경 끄기도 해방감을 주지만 다른 사람들이 아직 받아들일 준비가 되지 않아서 불편한 것이다. 그냥 신경 끄기를 계속하자.

Q: 이 모든 것을 엄마에게 어떻게 설명하나?

A: 엄마에게 이 책 한 부를 우편으로 보내 준다. 나 또한 그 문제를 그렇게 처리할 계획이다.

Q: 지금까지 읽은 게 모두 말이 되는데 _____ 에 관한 한 신경을 덜 쓰다가는 무사하지 못할 것 같다.

A: 시도해 보기 전에는 알 수 없다는 말밖에 못 하겠다. 남편더러 양말 서랍을 정리하라고 했을 때 남편이 내가 정신이 나간 줄 알더라는 말 기억하시는지? 하지만 결국 어떻게 되었는가?

Q: '나에게' 중요한 뭔가에 대해 다른 사람들이 신경 쓰지 않는다고 하면 싫을 것 같다. 그런데 어떻게 '그들에게' 중요한 뭔가에 대해 신경 쓰지 않는다고 말할 수 있나?

A: 다른 식으로 돌려 이야기해 보겠다. 누군가가 의무감이나 죄책감 때문에 싫은 걸 꾹 참고 여러분을 위해 뭔가를 하기를 원하시는지? 막가파가 아니라면 누구나 '아니오.'라고 답할 것이다. 속마음을 편히 이야기하지 않는다면 그들이 그런 감정이었음을 알지 못할 것이다. 마찬가지로 태도를 바꿔서 말을 하지 않으면 그들 또한 우리의 생각이나 기분을 알지 못할 것이다. 그러니 생각을 분명히 말하는 것이 중요하다. 그러면 그들도 충분히 공감하고 이해하리라 생각한다. 바로 이런 식으로 2단계가 모든 사람에게 인생을 바꾸는 마법을 발휘한다.

☑ 신경 쓰는 혹은 끄는 일에서 더 많이 얻어 내기

다시 한 번 제끼기 방법의 전반적인 목표를 되짚어 보고자 한다. 이 방식은 그저 짜증이 나는 것들에 대해 신경을 끌 뿐 아니라 우리 스스로가 해방되어 기쁨을 가져다주는 것들에 대해 좀 더 많이, 세심하게 신경 쓰는 것이 목표다.

3부에서는 신경을 끔으로써 나머지 모든 것에 관해 쓸 시간, 에너지, 돈을 더 많이 확보하는 방법에 관해 살펴보았다. 이제 4부에서는 실제로 인생을 바꾸는 마법이 펼쳐질 것이다.

4부

**신경 끄기의
마법이
인생을 바꾼다**

지금쯤이면 남들이 어떻게 생각하는지에 대해서는 신경을 끄고, 신경 쓰기와 신경 끄기의 적절한 비율 나누기 기술을 훌륭하게 익히고, 신경 끌 항목의 리스트를 만들고, 100% 신경 써야 할 항목들로만 이루어진 실천 가능한 목록을 작성했을 것이다.

그래서 아마도 과거에 신경 쓰지 않아도 될 사람과 사물들에 썼던 수백 시간을 되찾았을 것이다. 이 과정을 제대로 수행했다면 직장에서 해고되지도 않았을 것이고, 가고 싶지 않은 곳에는 가지 않았을 것이고, 쓸데없는 곳에 돈과 에너지와 시간을 낭비하지도 않았을 것이다. 친구를 잃었다 해도 좋아하지도 않았던 친구를 잃은 것이고, 필요 없는 새 친구들을 만드는 일을 피한 것이다. 그뿐만 아니라 예전보다 더 솔직하면서도 예의 바른 사람이 되었을 것이다. 이것은 엄청난 자산이며 소득이다.

이제 우리는 1부에서 말한 깨달음의 상태, 즉 본질적인 신경 쓰기를 하는 경지에 점점 더 가까이 가고 있다. 신경 쓰이는 일들을 질서 있게 정돈하고, 짜증나는 것들을 버리며, 가장 큰 즐거움과 만족을 주는 사람들과 사물들을 찾아냄으로써 최고의 인생을 살게 된 것이다.

이제 이 모든 시간과 에너지와 돈을 손에 쥐게 되었으니 4부에서는 아마도 신경 써야 할, 아니 신경 쓸 것들의 목록을 소개하고자 한다. 완전히 새로운 기쁨의 세계를 열어 줄 그런 신경 쓸 거리 말이다.

☑ 신경을 끄면 뭔가를 얻는다

3부에서 나는 2단계 방법의 실천을 위해 잠재적인 이득을 시각화하라고 권했다. 우리가 그 과정을 거쳤다고 가정하고 이제는 정확히 무엇을 얻었는지 양적으로 측정해 보고자 한다. 이 과정은 상당히 만족스럽고 고무적일 것이다.

신경 쓸 것들을 정리하면 제일 처음 되찾는 것은 시간이다. 화상회의에 참석하기 위해 서두르는 대신 변기에 앉아 조용히 명상할 시간, 독서 클럽에서 토론할 『모비 딕』을 읽는 대신 일요일 오후에 요리대회에서 수상한 퍼지 과자 요리법을 만들 시간, 좋아하지도 않는 낯선 아무개가 아니라 사랑하는 사람과 보낼 시간.

그러면 시간 면에서 우리는 지금까지 얼마를 얻었는가? 10분? 3시간? 하루? 한 주? 목록이 불어나는 낌새가 보인다.

신경을 끄면 얻게 되는 시간

활동	이득
MTV 뮤직비디오 시상식 중계를 보지 않음	2시간

제끼기 방법이 두 번째로 되돌려주는 것은 에너지다. 에너지는 달콤한 낮잠을 자는 것처럼 단순한 것일 수도 있고, 한 가지 활동을 하지 않음으로써 에너지를 보존하는 것처럼 복잡한 것일 수도 있다.

예를 들어 친구가 하라고 부추겨서 할 수 없이 등록한 요가 수업에 가지 않고 진짜로 하고 싶은 무엇인가에 에너지를 쓰는 것이다. 영화 「구니스」에 나오는 여자가 생각날 정도로 차에서 냄새가 날 때 비로소 차를 청소한다든지 세차장에 맡기든지 하는 식으로.

신경을 끄면 얻게 되는 에너지

활동	이득
월요일에 직장 동료들과 코가 삐뚤어 지도록 술 마시지 않기	살아갈 의지가 생김

마지막으로 돈이다. 미국의 유머 작가이자 배우였던 윌 로저스가 말했듯이 너무나 많은 사람이 좋아하지도 않는 사람들에게 잘 보이려 고 자신이 원치도 않는 것들을 사기 위해 아직 벌지도 않은 돈을 쓴 다. 딱 맞는 말이다.

그리고 돈은 쉽게 양적으로 계산할 수 있어서 제끼기 방법을 적용할 때 특히나 만족스러우며, 가시적인 재정적 이득이 남는다. 예를 들어 어느 정도 다른 사람들이 어떻게 생각하는지 신경을 끄게 되어 명품 옷을 입는 것에 신경을 끈다면, 일 년에 수백 수천 달러를 모을 수 있다. 특히 대도시인 뉴욕 같은 데서는 많은 여성이 명품 옷을 사느라 돈을 낭비하고 부담감을 느낀다. 그런 옷의 10% 가격만 주고도 멋지고 예쁜 옷을 얼마든지 살 수 있고 행복할 텐데 말이다.

아니면 교외에 살면서 매주 일요일 여섯 살짜리 조카의 축구시합을 보러 가는 데 신경 끈다고 치자. 조카가 프로 축구 선수가 되어 2034년 월드컵에 공짜 티켓을 선물해 줄 가능성이 있는가? 그렇지 않다면 신경을 끄자. 그러면 시간과 에너지가 절약될 뿐만 아니라 기름 값도 아낄 수 있다.

신경을 끄면 얻게 되는 돈

활동	이득
다른 도시에서 열린 친구 집들이에 안 감	15만원*

....

....

....

그렇다. 깨달음으로 가는 길에는 되찾은 시간, 새로 찾은 에너지, 그리고 빳빳한 현금이 있다.

* 초대받은 모임에 가지 않을 때 ——————————————————————

때로는 친구 간의 우정을 위해 '약간의' 돈을 써서 마음의 평화를 얻어야 한다. 이런 경우에는 친구에게 작은 선물을 보낼 수도 있다.
절약 금액(15만원)－보상에 지출한 금액(선물 5만원)＝순 절약 금액(10만원). 이 정도면 나쁘지 않다!

☑ 신경 쓰기는 몸과 마음과 영혼에
영향을 미친다

이뿐만이 아니다. 정말 중요한 것이 더 있다. 신경을 끄는 단순한 행위에서 얻을 수 있는 정말 중요한 것은 바로 육체적·감정적 건강이 전반적으로 향상된다는 점이다.

생각해 보자. 단순히 시간, 에너지, 돈만 얻은 게 아니라 자신을 알게 되고, 자신감을 얻었으며, 스트레스에서 해방되고, 삶에 대해 아이와 같은 열정을 갖게 되었다. 게다가 속 쓰림, 불안, 소화불량은 말할 것도 없고, 두통도 많이 줄었을 것이다.

직장 동료의 노래방 파티에 안 간 것 기억나시는지? 갔다면 숙취로 머리가 얼마나 아팠을지 생각해 보시라. IT부서의 팀을 그가 붙잡고 있는 마이크 선으로 목을 졸라 버리고 싶은 충동을 억제하려고 술을 들이부었을 것이다. 그래서 다음 날 아침 처참한 꼴이 되었을 테고.

하지만 신경을 끄면? 밤에 자다가 뒤척이지도 않고, 두통도 없고, 아침 회의 때 입이 마르지도 않고, 점심때 책상 밑에 몰래 숨어서 낮잠을 자지도 않을 것이고, 목이 뻣뻣하지도 않을 것이다.

우리는 이제 재미있는 드라마를 보는 것이 IT부서의 팀과 함께 노래방에서 노래 부르는 것보다 더 즐겁다고 결정했다. 그리고 그러한 결정을 기초로 행동했다. 왜냐하면 우리가 무엇을 우선으로 생각하는지에 대해 남들이 어떻게 생각할지 신경 쓰지 않기 때문이다.

퇴근 후에 정말로 하고 싶은 일을 할 시간, 말하자면 속옷 바람으로 소파에 앉아 비스킷을 먹으며 드라마를 볼 시간을 얻는다. 그리고 노래방에서 테킬라를 주문하고 이후에는 마신 술을 중화시키려고 밤참으로 피자를 주문하느라 썼을 돈도 아꼈다.

그렇다. 직장 동료들이 그들의 책상 밑에서 불편한 낮잠을 자는 동안에 우리는 휴게실에서 콧노래를 흥얼거릴 것이다. 그날은 업무도 더 많이 처리할 것이다. 직장 동료들이 숙취에 지쳐 우리를 방해하지 않을 테니까!

단순히 신경을 끔으로써 몸과 정신과 영혼이 얻는 신나는 이득을 더 생각해 보자.

몸

자신과 무관한 수많은 신경 쓸 거리 때문에 숙취가 생긴다. 우리는 이를 심층적으로 논의했다. 하지만 실제로 육체적 상해를 끼치는 신경 쓰기 항목은 어떤가?

어느 날 아침, 전철을 타려고 자리를 뜨는 대신 남동생과 '워즈 위드 프렌즈Words with Friends' 게임을 하느라 10분 더 눌러앉아 있었던 적이 있다. 시간이 빠듯하다는 걸 알았지만 출근하기 전에 남동생을 게임에서 완전히 '격멸시키는' 게 너무 좋았던 나머지 그렇게 하고 말았다.

물론 전철역 플랫폼으로 내려갈 때 열차가 역을 떠나는 게 보였다. 하이힐에 신경 끄기 전의 일이어서 나는 하이힐을 신고 열차를 타려고 뛰었지만 간발의 차로 놓쳤고, 그 와중에 발목을 삐끗했다. 땀을 뻘뻘 흘리고, 숨이 턱에 찼고, 발목은 벌겋게 부었고, 화가 머리끝까지 치밀었다.

그 후 나는 신경 끄기 목록에 '열차를 잡아타려고 달리기'를 추가했다. 이후로는 정형외과 치료비로 썼을 거금을 절약하게 되었다.

정신

천장이나 벽이라는 경계에서 멈추지 않기 때문에, 정신적인 잡동사니 정리는 물건 정리보다 더 쉬울 수도, 더 어려울 수도 있다. 정리한 것 같았는데 다시 보면 여전히 어지럽게 늘어 놓여 있기도 하고 때로는 마음만 먹으면 금방 정리되기도 한다. 두개골 내부는 여전히 질척질척한 회색 뇌수로 가득 차 있더라도 신경 끄기 공부를 했다면 불안, 걱정, 공포, 두려움이라는 무형의 것들은 교황 방문 직전의 성당처럼 깨끗하게 청소될 것이다. 신경 끄기가 정신적 건강에 미치는 이득은 광활하고 끝이 없다.

예를 들어 오늘 당장 일요일 성당미사 시간 내내 의미 없이 앉아 있는 것에 신경 끄고 대신에 일요일판 「타임스」지 크로스워드 퍼즐을 완성하는 데 신경 쓴다면 수십 년 후 어떻게 될지 생각해 보라. 퍼즐 덕분에 알츠하이머병으로 고생하지 않게 된 미래의 여러분이 오늘의 여러분에게 무척 고마워할 것이다. 그런 마음의 평화는 돈 주고도 살 수 없다.

영혼

우리 모두가 영혼이라는, 물리적 존재에서 분리된 영묘한 생명체라는 전통적인 정의를 믿는 것은 아니다. 하지만 우리 대부분은 영혼을 짓누르는 혹은 영혼을 파괴하는이라는 말과 관련된 개념들이 우리를 깊고 근원적인 수준에서 상처 주는 것들과 관련되어 있음을 알고 있다. 우리의 일정표를 꽉 채우거나 기운을 빨아먹는 그런 것들이 아니라, 사람들이 우리의 자유 자체에 중대한 제한을 가하는 듯한 그런 활동이나 일 말이다.

자유는 영혼과 마찬가지 단어이며, 모든 잘못된 것들에 대해 신경 끄고 우리를 행복하게 하는 것들을 위해 신경 쓸 시간과 에너지를 보존한다면 감히 말하건대 영혼을 긍정하는 그런 자유를 얻을 것이다.

☑ 신경 끄는 또 다른 방법

제끼기 방법은 대체로 적극적으로 신경을 쓰거나 신경을 끄는 것이다. 신경을 끄기로 결정했더라도 2단계에서는 초대를 거절하거나, 모임 참석을 거부하는 것, 최근에 정한 개인적인 방침을 타인에게 설명하는 것처럼 스스로 뭔가 행동을 취해야 하는 경우가 종종 있다. 그런가 하면 신경 쓰기로 결정하는 것들도 있다. 신경을 쓰려면 시간, 에너지, 돈이 들 테지만 이런 일에는 얼마든지 시간, 에너지, 돈을 써도 된다.

하지만 사실 아주 수동적이면서도 단기적·장기적으로 마찬가지 변화를 가져다주는 신경 끄기 방법이 있다. 바로 마음속으로 "그럴 가치가 없어."라는 말을 되뇌는 것이다.

예를 들어 직장 상사라든지 케이블 회사가 정말 싹수없게 굴거나 심하게 무능한데도 우리가 할 수 있는 일이 아무것도 없을 때, 이 기술을 쓰면 도움이 될 것이다. 화가 나서 폭발할 지경이고, 혈압이 높아지고, 직장에서 해고될 위험을 감수하고서라도 따지고 싶을 때가 있을 것이다.

이럴 때 정의로운 분노를 토해 내기가 쉬운데, 그러면 가식적이거나 바보 같은 우리의 상대가 지닌 가치보다 질적으로나 양적으로 더 큰 신경을 써야 할 일이 생긴다. 그런 재수 없는 일이 우리의 기운을 축내게 하지 말고, 신경을 꺼야 한다.

마음속으로 "그럴 가치가 없어."라고 되뇌고는 툴툴 털어 버리자.

☑ 다른 사람들과 깨달음 나누기

쓸데없는 것에 신경을 끄고 여유로운 시간 속에서 원하는 일에 매진하며 행복한 시간을 보내는 현명한 사람이 되면 필연적으로 다른 사람에게도 자신이 새로 발견한 지혜를 선물할 것이다.

내가 제끼기 방법의 효과에 대해 말하는 것을 듣고 얼마나 많은 사람이 그 자리에서 바로 변화를 시도했는지 모른다. 나는 그들의 변화가 반갑기도 하고 기특하기도 해서 그들이 신경 끄기의 달인이 되도록 도왔다. 직장 동료들이 쓸모없는 서류 작업을 할 때 지혜의 빛을 보도록 도왔고, 휴가를 어떻게 보낼지 더 나은 결정을 하도록 도왔으며, 심지어 부모님도 신경을 덜 쓰고 살도록 도와드렸다. 두 분은 이 일을 매우 대견하게 생각하신다.

이 모든 일을 이타심에서 하는 것은 아니다. 나는 이타주의에 신경 쓰지 않는다. 그저 이 일로 기분이 좋아져서 하는 거다. 신경 끄는 것도 기분 좋지만 다른 사람이 신경 끄도록 돕는 것은 더 기분 좋다. 끝으로 우리 모두가 신경을 덜 쓰고 무진장 더 행복하고 건강해진다면, 세상은 더 나은 곳이 될 것이다. 나를 위해서.

☑ 무엇이 없어도 되는지 알기

이것은 아마도 애초부터 신경 쓸 필요가 없었던 것에 대한 이야기다.

신경 끄는 법을 통해 얻는 이득 가운데 가장 큰 것은 이 방법으로 얻어지는 결과 또는 죄책감을 받아들이면서 점점 리듬을 타게 되고, 그러면서 자신의 선택이 옳았다고 느끼게 된다. 그러면 신경 끌 때 쓰는 시간뿐 아니라 불안감도 현저히 줄어든다. 주저하면 그리고 불안해하면 매번 쓸데없이 신경을 쓰는데 그럴 일들이 점점 없어질 것이다.

이런 식으로 제끼기 방법은 인생을 다른 시각에서 대하게 해 준다. 어떤 상황이든 쉽고 빠르게 평가하고 판단하여 그에 따라 행동할 수 있도록 도와준다. 그리고 그렇게 되찾은 시간과 에너지, 돈을 다른 것들에 투자하게 해 준다.

일단 우리를 행복하게 해 주지 않는 것들에 대해 신경을 끄고, 대신 우리를 행복하게 해 주지만 이제껏 무시했던 것들에 대해 신경을 쓰면 애초에 사는 데 그다지 많은 것이 필요하지도 않다는 것을 알게 될 것이다. 우리가 마침내 50가지 업무, 행사, 사람들, 볼일에 대해 신경을 꺼도 그전부터 무시해 오던 50가지 다른 일과 사람들이 생기지는 않는다.

여러분의 경우는 모르겠지만 내 경우엔 한가한 휴식 시간이 많아졌고 그래서 너무 좋다.

☑ 더 신경 써야 할 부분

지금까지는 신경 쓸 것과 쓰지 않을 것을 정하고 그로 인해 얻어지는 결과를 주로 1:1의 비율로 다루었다. 예를 들어 야구 결승전을 보려고 여섯 시 정각에 퇴근한다거나, 감자 칩을 먹으며 이 책을 읽기 위해 친구가 여자 친구와 만난 지 500일이 되었다는 기념파티에 불참한다거나 하는 것처럼. 이들 모두가 합당한 보상이며, 많은 경우에 이런 보상이 심지어 날마다 주어진다. 그리고 이것은 우리의 삶을 바꿀 것이다.

하지만 일단 제끼기 방법을 익히면 한 단계 더 나아가고 싶어지고, 나아갈 수 있으며, 또한 신나서 나아갈 것이다. 인생을 바꾸는 마법은 더 큰 규모로 활용할 수도 있다.

소셜 미디어에서 '은퇴자가 20살 청년에게 주는 20가지 조언'이라든지 '임종을 앞두고 사람들이 인생에서 가장 후회하는 것들' 같은 제목의 글들을 보았을 것이다. 그런 걸 보고는 '뭐, 그런 거 걱정하기까지는 아직 수십 년 남았으니까.' 하고 생각했을지도 모른다.

하지만 영화「노인을 위한 나라는 없다No Country For Old Men,

『2007』의 하비에르 바르뎀이라면 '다시 생각해 봐.'라고 말할 것이다. 우리가 언제 이 세상을 하직할지 아는 사람은 단 한 명도 없다. 끔찍하지만 사실이다. 내일이라도 교통사고가 나거나 불이 나서 다치거나 죽을 수도 있고 묻지 마 범죄의 피해자가 될 수도 있다. 아니면 갑자기 심장마비를 일으킬 수도 있다.

그런 생각을 하면 매 순간을 더 소중하게 만들고 싶지 않은가? 이 말은 즉 때로는 이제까지 다룬 단편적인 신경 쓰기 대신에 뭔가 새로운 것에 오랫동안 신경을 써야 한다는 말이다.

그렇게 하는 데에 도움이 되도록 위에 말한 목록의 수많은 버전을 찾아 인터넷을 뒤진 다음, 사람들이 가장 많이 후회하는 다섯 개 항목을 골랐다. 바로 좀 더 신경 써야 할 것들이다. 이들 다섯 개 항목은 제끼기 방법을 실천한 결과 이미 실현했을 실제적인 단기적 이득과 혼동해서는 안 된다는 것을 명심하자. 이것들은 장기적인 목표임에도 대부분의 사람들이 삶을 지배하는 일상적인 신경 쓰기 때문에 쉽게 놓쳐 버리고 성취하지 못하는 것들이다.

순서와는 무관하게 그 다섯 가지는 다음과 같다.

여행

뭔가 다른 볼일에 신경 끈 데 대한 보상으로 잠깐 여행을 가는 게 아니라 나를 찾는 시간을 갖는 진정한 여행을 말한다. 지구 한 바퀴 돌기 같은 목표를 세우거나 정말 가고 싶은 곳의 리스트를 정해서 몇 년에 한 번 여행하기처럼 인생에서 여행이 정기적인 부분으로 자리 잡도록 하자.

건강 더 잘 챙기기

나는 솔직히 칼로리를 태우기 위해 하는 운동이나 스포츠 브라가 흠뻑 젖도록 땀을 흘리는 것에는 관심 없다. 건강은 두 손을 바닥에 짚고 두 다리를 쪼그렸다 폈다 하는 운동을 몇 번 하는가가 전부가 아니다. 건강을 위해서는 숙면 취하기, 침착함 유지하기, 스트레스 받지 않기, 인스턴트 음식 줄이기, 술 담배 끊기, 정기적으로 건강검진 받기, 무리하지 않고 꾸준하게 운동하기 등을 실천해야 한다.

외국어 배우기

로마는 하루아침에 건설되지 않았고, 대화 수준의 이탈리아어도 팀 빌딩 워크숍을 빠지고 절약한 한 시간 안에 습득할 수도 없다. 하지만 단테의 작품을 원문으로 읽겠다는 욕심을 버리고 간단한 회화라도 하겠다는 생각으로 꾸준히 외국어를 공부하면 조금씩 재미를 붙일 수 있을 것이다. 내일 하지 뭐, 하고 미루지 말고 지금부터라도 시작하자. 늦지 않았다.

퇴직 이후 준비하기

늙어서 지칠 때까지 생활비를 벌기 위해 매일 출근하며 일하는 것을 원하는 사람은 없을 것이다. 젊었을 때 많이 벌어 노후를 준비해 놓고 여유 있게 보내고 싶을 것이다. 안정적이고 지속적인 수입에 대해 신경 쓰지 않으려면 연금을 든다거나 저금해 놓는 등 지금 퇴직 이후를 준비해야 한다.

개중에는 '늙어서 쪼들리더라도 일단은 신나게 살자.'라고 생각하는 사람도 있을 것이다. 그것도 쿨하다. 하지만 대다수의 60대 사람들이 느끼는 건 좀 다르다.

젊어서 고생은 사서도 한다고 했던가? 지금부터 퇴직 후를 준비하자.

멋진 개인기 마스터하기

직장, 친구, 가족을 위해 쓰는 시간을 줄여서 나를 위한 시간을 갖자. 일주일에 몇 시간은 불붙은 볼링 핀을 저글링하며 기쁨을 만끽하거나 카드 마술 같은 것을 연습해 보면 어떨까? 파티에서 다른 사람들에게 즐거움을 선사하며 주인공이 될 수 있을 것이다. 나아가 인생을 즐길 줄 아는 승자가 될 것이다.

☑ 자신에게 맞는 것을 한다

아마도 여러분은 집에 있기를 좋아하는 사람일 것이다. 아니면 이미 운동광인지도 모르겠다. 어쩌면 나처럼 한심한 몸치라서 저글링을 절대 배우지 못할 것이다. 요점은 위에 제시한 목록 중 어느 것에도, 또는 남들이 신경 쓰는 어떤 것에도 여러분은 신경 쓸 필요가 없다는 것이다.

나는 이 책을 통해 열망과 영감을 주려는 것일 뿐 이래라저래라 할 생각은 없다. 예를 들어 노래방에 대한 나의 입장이 못마땅한 사람이 많을 것이다. 또 어떤 부분은 공감도 할 것이다. 어쨌든 공감하는 부분은 택하고 못마땅한 부분은 버리면 된다. 나는 나답게 행동하고, 여러분은 여러분답게 행동하면 되니까!

이 책을 쓰는 동안 내가 내놓은 설문조사에 익명으로 응한 수백 명뿐 아니라 친구와 가족, 내 에이전트와 그녀의 조수, 출판사의 편집자와 홍보 담당자와 다른 직원들, 그리고 인연이 닿아서 나를 만난 몇몇 낯선 이들의 이야기를 들었다. 이들과 나눈 대화를 통해, 나는 깨달음으로 가는 길에는 저마다 독특한 신경 쓸 거리와 신경 끌 거리가 깔려 있으며, 어떤 사람에게는 기쁨이 다른 사람에게는 짜증일 수 있다는 점을 알게 되었다.

그것도 괜찮다. 내가 신경 쓸 거리는 나의 것. 각자 알아서 가치를 매기고 우선순위를 정하고 알맞다고 생각될 때 신경 쓰면 된다.

또한 마음을 바꿔도 되고, 개인적인 방침을 수정해도 되며, 그에 따라 신경 쓸 거리를 재분배해도 된다.

기회의 범죄라고 들어 보셨는지? 그러니까 때로는 기회에 휩쓸려 신경을 쓸 수도 있고, 신경을 끌 수도 있다. 그리고 그게 당연한 거다. 무언가에 순간적으로 압도되어 생각지도 않게 신경 쓸 수 있으며, 그것이 기쁨을 가져다줄 수도 있다는 말이다. 아니면 적어도 여러분이 바보짓 하는 모습을 지켜보는 다른 사람들에게 기쁨을 줄 수도 있다. 주변 사람들에게 가끔 그렇게 해 주는 것도 썩 나쁘지 않은 일이다.

☑ 안티들은 꺼져라

마지막으로 남들의 생각에 대해 신경 끄는 것을 가지고 태클을 거는 안티들에게 주목할 필요가 없다고 조언하고 싶다. 제끼기 방법을 공부하다 보면 안티를 몇 명 만날 것이고, 그들의 반응에 대해 마음의 준비를 해 둘 필요가 있다. 이런 사람들은 여러분이 자신의 삶에 대해 내린 결정에 적어도 어리둥절하거나, 아니면 심한 경우에는 몹시 감정이 상할 것이다.

이유야 어떻든 간에 이들은 자신들의 삶에 제끼기 방법을 받아들일 욕구나 요령이 없다. 하지만 상관없다. 그들의 속 좁은 마음이나 정신적인 불안감 때문에 부담을 느낄 필요는 없다. 여러분의 인생은 멋지고 날마다 더 좋아질 것이다. 그러니 그냥 안티들은 꺼지라고 외치자.

☑ 깨달음을 얻는 일에 관하여

이 책을 처음 읽기 시작했을 때보다 지금은 제끼기 방법의 스펙트럼 중 어디쯤 가 있는지 몰라도, 아무튼 신경을 덜 쓰고 깨달은 자의 반열에 들기 위한 개인적인 노력에서 발전이 있었으리라 본다.

깨달은 사람들의 반열에는 나 자신과 뉴욕 시 뉴스 앵커인 팻 키어넌이 올라 있다. 정말이지 팻 키어넌은 신경 끄기를 예술로 승화시켰다. 우리는 모두 「어메이징 스파이더맨 2」와 「고스트 버스터즈」에서 자기 모습 그대로 출연하는 팻 키어넌처럼 되도록 노력해야 한다.

다시 여러분 이야기로 돌아가자. 여기까지 온 것을 보면 여러분은 분명 신경 끄며 살기를 원했던 사람일 것이다. 완수해야 할 의무, 참아야 할 사람들, 한가한 오후가 와일드카드처럼 찾아올 때까지 일정표를 필사적으로 짜 맞추는 일이 이어지는 것을 삶이라고 여기는 게 지겨웠을 것이다. 더는 신경 쓰고 싶지 않은 사람을 보지 않고 살 수 있는 자유를 원하기도 했을 것이다. 아니면 이 책은 친구가 준 선물일 수도 있다. 그렇다면 그 친구는 여러분에게 뭔가를 말하고 싶었던 것이다.

어떤 길로 해서 여러분이 여기까지 오게 되었건 간에 신경쇠약을 겪지 않고도 이 모든 것이 가능하다는 것을 이 책을 통해 알게 되었기를 바란다.

제끼기 방법은 여러분이 상처받고 힘들어하는 삶에서 벗어나 자신이 원하는 행복한 삶을 살도록 도와줄 것이다. 서까래에 매달린 여러분을 안전하게 바닥에 내려줄 뿐만 아니라 처음부터 아예 서까래에 올라가지 않도록 막아 준다. 이 책을 성경처럼 매일 읽으며 참고해도 좋고, 대중교통 지도처럼 정기적으로 보고 길을 찾아도 좋다. 영혼을 위한 GPS처럼 사용할 수도 있다.

아니면 들판에 들고 가서 태워 버려도 된다. 나는 상관없다.

정말이에요, 세라? 왜 그렇죠? 그 이유는 여러분도 알 것이다.

에필로그

이 책을 쓰기 시작한 이래 스스로 원하지도 않고 필요도 없는 일에 지나치게 신경을 쓰는 이들을 많이 보았다. 추가로 보상을 받는 것도 아니면서 주말 내내 일하는 친구들, 원하지도 않으면서 데이트 약속에 응하는 사람들을 보았고, 내 남편이 콜 센터 직원과 승산 없는 전투를 벌이는 모습도 보았다. 이제 이 모든 사람이 필요할 때 제끼기 방법을 쓸 수 있다는 게 마음 뿌듯하다. 제끼기 방법은 사람들이 지금부터 자신의 삶을 최선으로 살도록 도와주는 핵심 철학이다.

1837년 한스 크리스천 안데르센은 「벌거숭이 임금님」이라는 동화를 썼다. 허영에 빠진 한 임금님이 형편없이 멍청한 사람에게는 보이지 않고 착하고 똑똑한 사람에게만 보이는 옷을 만들었다는 사기꾼들에게 속아 그 옷을 입고 도시를 행진한다. 임금님 자신의 눈에도 그 옷이 보이지 않았지만 그 사실을 인정할 수 없어서 훌륭한 옷이라고 칭찬한다. 여러 신하도 자기 직책을 잃지 않으려고 거짓말을 한다. 거리 행진을 지켜보는 시민들 또한 옷이 보이는 척할 뿐 아니라 옷감의 아름다움과 섬세한 재단 솜씨를 칭송하기까지 한다. 이때 한 아이가 '임금님은 벌거숭이잖아요!' 하고 외치고 만다. 그러자 마침내 다른 사람들도 해방감을 느끼며 수군댔고 임금님은 망신을 당했다는 이야기다.

나는 나 자신이 그 아이와 같다고 생각하고 싶다. 임금님은 우리 사회이고, 임금님의 옷은 시간, 에너지, 돈을 낭비하게 하는 인생의 여러 짐이다. 나는 여기 서서 '신경 안 써!'라고 외치고 있다.

그리고 여러분 역시 신경 안 써도 된다. 이것이 나의 꿈이다.

그리고 나 역시 제끼기 방법의 열반에 들지는 못했지만 날마다 깨달음의 길에서 조금씩 더 앞으로 나아가고 있다. 예를 들어 이번 주에는 그 어느 때보다 태국 음식, 심야 텔레비전, 정치 논쟁에 대해 신경을 덜 썼다.

신경 끄고 미련 없이 속 편하게 사는 방식이 좀 싹수없다고 생각하는 사람들에게 이 방식의 개념을 정당화하느라 많은 시간을 보냈다.

참 안된 일이다. 한편으로는 그들이 나를 안 좋게 생각하는 게 싫다. 하지만 또 다른 한편으로는 나 자신이 쓸데없는 데 신경을 덜 쓰고 더 나은 일에 신경을 쓰면서 최고의 인생을 살고 있으면 그만이지 않은가? 그래서 미련 없다.

신경 끄고 최고의 인생을 살자!

감사의 글

남들의 시선이나 판단에 대해 신경 끈 듯한 공인들의 황당한 행동들 뿐 아니라 가끔 일반인들의 기행도 널리 알려지는 시대에 살고 있어 행운이다. 마지막으로 *신경 끄기 명예의 전당**에 이름을 올린 사례를 소개하고자 한다. 이 책을 쓰는 동안 매일 나에게 영감을 준 데 대해 아래 인물들에게 감사의 마음을 전한다.

신경 끄기 명예의 전당

1965년 7월 25일: 밥 딜런은 대중들의 기대를 저버리고 일렉트릭 음 악을 선보인다.

1992년 10월 3일: 시니어드 오코너는 「새터데이 나이트 라이브」에서 교황의 사진을 찢어 버린다.

---

*

명예의 전당에 올릴 사례가 있으면 magicofnotgaf@gmail.com에 사연을 보내 주시기 바랍 니다. 독자 메일 환영!

1992년 10월 21일:	마돈나는 당시의 남자친구인 바닐라 아이스가 등장하는 에로틱 사진집 『섹스Sex』를 출간한다.
1993년 6월 7일:	프린스는 워너 브러더스 사와의 계약을 위반하기 위해 자신의 이름을 발음 불가능한 기호로 바꾼다.
2003년 3월 10일:	텍사스 출신 밴드인 딕시 칙스의 보컬리스트 나탈리 메인스. 공연 중 런던 관중에게 "미국 대통령 조지 W. 부시와 같은 텍사스 출신이라는 사실이 부끄럽다."고 말한다.
2007년 2월 16일:	브리트니 스피어스는 머리를 완전히 밀고 문신을 하며, 일주일 후에는 우산으로 차를 망가뜨린다.
2009년 9월 13일:	2009년 MTV 비디오 뮤직 수상식에서, 카니예 웨스트는 테일러 스위프트가 수상 소감을 말하는 도중에 '이제 그만 하면 됐고요.'라며 말을 가로막고 비욘세의 뮤직비디오를 칭찬한다.
2011년 2월 28일:	찰리 쉰은 「투데이」 프로그램에 출연해 「투 앤 어 하프 맨」 회당 출연료로 3백만 달러를 요구하고, 자신은 '호랑이 피' DNA를 지녔다고 주장한다.
2011년 12월 15일:	크리스토퍼 히친스의 묘비명은 '신경 끄기의 달인'이었다.
2015년 1월 20일:	루스 베이더 긴즈버그는 대통령 연두 교서 낭독 중에 잠이 든다. 술에 취해서.

＊ ＊ ＊

남편 주드 해리스는 매일 나에게 대부분의 신경을 쓴다. 그뿐만 아니라 1999년 이래 내가 최고의 인생을 살도록 안내해 주었다. 남편은 정말 최고다.

나의 에이전트 제니퍼 조엘은 교양과 격조를 완벽하게 갖춘 사람이다. 따라서 그녀가 이 책의 집필을 승인했다는 사실 자체가 내게 용기를 주었다. 그녀는 처음부터 흔들림 없이 온전히 나를 지원해 주었다. 완전히 스타다.

편집자 마이클 스즈반은 내가 이 책을 쓰는 동안 몇 번이나 실수하지 않도록 안내해 주었다. 빡빡한 마감 시한을 앞두고도 엄청나게 침착하게 일을 마무리해 주었다. 탁월한 편집자이며 정말로 좋은 남자다.

밴 앨런, 레이건 아서, 사브리나 칼라한, 메건 딘스, 니콜 듀이, 리즈 패럴, 로런 함스, 세라 호젠, 앤디 르카운트, 찰스 머크로리, 개럿 머그라스, 매들린 오즈번, 미리엄 파커, 트레이시 로, 셰릴 스미스, 트레이시 윌리엄스와 그 외 리틀, 브라운 앤 아이시엠의 많은 사람이 이 책의 출간을 위해 물심양면으로 도와주었다.

영국 쿼서스 출판사의 제인 스터럭, 네덜란드 코스모스 출판사의 프레데리카 반 트라, 브라질 로코 출판사의 마리아나 롤리에, 독일 울스타인 벌라그 출판사의 울리케 폰 스텐글린이 이 책이 국제적으로 알려지는 데에 주역을 담당했다.

끝으로 이 책은 나의 익명 설문조사에 응해 준 많은 사람이 있었기에 쓸 수 있었다. 이름을 밝히지 않는 전 세계 수백 명의 응답이 없었다면 이처럼 포괄적인 내용을 담지 못했을 것이다. 책을 쓰는 데 많은 영감을 준 친구와 가족들…… 그들이 이름을 밝히지 않기를 바라서 여기에 적지는 않지만 내가 늘 감사의 마음을 갖고 있다는 말을 꼭 전하고 싶다.

일단 이 책을 읽으면 여러분 자신이 누구인지 알게 될 것이다. 그리고 내가 여러분에게 감사하고 있다는 사실도 알게 될 것이다.

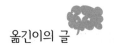

옮긴이의 글

너무 많이 일하고, 너무 적게 놀고, 항상 시간이 부족한 우리를 위하여
―정신적인 정리로 얻는 삶의 여유와 행복

"지치도록 일하고 노력하고, 열기 있게 생활하고, 많이 사랑하고, 아무튼 뜨겁게 사는 것, 그 외에는 방법이 없다."

어릴 때는 수필가 전혜린이 쓴 이 글귀를 좋아했다. 이 말처럼 하루 종일 지치도록 일하고 집에 돌아와 쓰러지는 저녁 시간마저 낭만적으로 느껴졌다.

그러나 나이가 들고 집안의 장녀, 맏며느리, 마흔에 낳은 늦둥이 딸의 엄마, 하청의 사슬 끝에서 언제라도 다른 사람으로 교체될 수 있는 프리랜서의 역할을 동시에 하다 보니 나는 다른 사람이 요구한 일을 다른 사람이 원하는 시간에 해내기 위해 날마다 애쓰고 있었다. 정작 내가 좋아하는 일을 하고 진정으로 사랑하는 사람들에게 할애할 시간은 항상 부족했다. 게다가 안타깝게도 성격마저 '작은마음회' 우수회원 수준으로 소심하여 웬만한 일을 훌훌 털어 버리지 못하고 스트레스에 시달렸다.

220

그러던 중 이 책을 접하고 첫 줄을 읽는 순간 바로 내 이야기임을 알았다. "만일 여러분이 나와 같은 부류의 사람이라면 오랫동안 지나치게 여러 문제에 쓸데없는 신경을 쓰며 살았을 것이다. 인생에 과도하게 휘둘리며 부담을 느끼고, 해야 할 일들 때문에 스트레스와 근심에 시달려 심지어는 공포에 질렸을지도 모른다."

이야기는 하버드대학을 졸업하고 뉴욕 맨해튼에서 직장생활을 하던 저자가 세계적인 베스트셀러 『인생이 빛나는 정리의 마법』을 읽고 양말 서랍을 정리하면서 시작된다. 곤도 마리에의 조언대로 어수선한 공간을 정리하면서 기쁨을 느낀 저자는 이 정리의 기법을 어수선한 생각과 관계에 적용하면서 진짜 마법을 경험하게 되었다.

방법은 곤도 마리에의 정리 기법처럼 간단하다. 자신이 정말로 소중히 여기는 관계와 신경 쓸 거리를 남기고 나머지 사람들과 요소들에 대해서는 미련 없이 신경을 끄는 것이다. 우리나라와 달리 개인주의가 만연하여 삶이 더 편할 것 같은 미국에서도 '미련 없이 제끼기'가 말처럼 쉽지는 않다. 저자는 정리하기 쉬운 것부터 차근차근 단계별로 신경을 끄고 그간 정신적 헛간에 쌓아 둔 온갖 잡동사니들을 내다 버리도록 안내한다.

패러디 형식으로 가볍게 쓰였지만 본질적으로 좋은 충고를 담았다. 읽고 나면 가족이 상처받는 것이 싫어서, 남에게 단호하게 말하고 나면 죄책감이 들어서 등등의 이유로 하염없이 원치 않는 일에 끌려다니는 일상을 확실히 정리할 용기와 실천력이 생길 것이다. 한편으로 저자는 삶을 원하는 방식으로 정리하고 재편하다가 닥치는 대로 남의 감정을 상하게 하는 무매너 막가파가 되지 않는 방법도 전수한다. 아무리 다른 사람이 나를 어떻게 생각하는지 신경 쓰지 않고 자유로운 영혼으로 살려 해도 혼자서는 살 수는 없는 모든 인간에게 필요한 기술이다.

이 책은 영국, 일본을 비롯해 세계 17개국에 판권이 수출되었고 미국 아마존에서 해당 분야 1위를 기록했으며 출간 이후 줄곧 높은 판매 순위를 유지하고 있다. 수백 편의 독자 리뷰 가운데 책을 읽으며 해방감을 느꼈다는 독자들이 많은 것을 보면 이 시대에 세계 어느 곳이든 사람 사는 모습은 비슷한 것 같다.

원치 않는 사람들과 원치 않는 일을 하며 가뜩이나 부족한 시간과 에너지를 쓰느라 오늘도 '영혼이 탈탈 털렸다.'고 자조하는 우리가 로또 당첨 같은 가능성 희박한 행운이 없이도 진정 만족스러운 삶을 찾기 원한다면 저자의 조언에 귀 기울일 만하다. 신중한 취사선택을 거쳐 신경을 끄면 시간과 에너지와 빳빳한 현금(!)이 남는다. 게다가 보너스로 신체적 · 정신적인 건강까지 좋아진다. 소위 유리 멘탈을 가진 내가 부분적으로 적용하여 효과를 거두었으니 과장은 아니다. 오늘도 직장과 가정과 자신이 속한 모든 곳에서 사람 노릇 제대로 하려 애쓰느라 지친 이들에게 권하고 싶다.

2017년 10월 김현경

인생이 빛나는 생각의 마법

초판 1쇄 인쇄 2017년 11월 3일
초판 1쇄 발행 2017년 11월 9일

지은이 세라 나이트
옮긴이 김현경

펴낸이 박혜수
기획편집 유미정 오혜림
해외저작권 김현경
디자인 박새롬 허지혜 박정주
관리 이명숙
마케팅 신진섭

펴낸곳 마리서사 출판등록 2014년 3월 25일 제300-2016-123호
주소 서울시 종로구 효자로 13길 46(효자동)
전화 02)334-4322(대표) **팩스** 02)334-4260 **홈페이지** www.keumdongbooks.com
페이스북 facebook.com/marieslibrary **블로그** blog.naver.com/marie1621

값 13,500원
ISBN 979-11-959767-2-0 03190

이 도서의 국립중앙도서관 출판예정도서목록(CIP)은 서지정보유통지원시스템 홈페이지(http://seoji.nl.go.kr)와 국가자료공동목록시스템(http://www.nl.go.kr/kolisnet)에서 이용하실 수 있습니다. (CIP제어번호: CIP2017025379)